Birgit Schlieper

ZONE 40

**Frauen werden nicht älter.
Frauen werden gelassener.**

Knaur Taschenbuch Verlag

Besuchen Sie uns im Internet:
www.knaur.de

FSC
www.fsc.org
MIX
Papier aus ver-
antwortungsvollen
Quellen
FSC® C083411

Originalausgabe November 2008
Copyright © 2008 by Knaur Taschenbuch.
Ein Unternehmen der Droemerschen Verlagsanstalt
Th. Knaur Nachf. GmbH & Co. KG, München
Alle Rechte vorbehalten. Das Werk darf – auch teilweise –
nur mit Genehmigung des Verlags wiedergegeben werden.
Redaktion: Franziska Beyer
Umschlaggestaltung: ZERO Werbeagentur, München
Umschlagabbildung: FinePic, München
Satz: Adobe InDesign im Verlag
Druck und Bindung: CPI – Clausen & Bosse, Leck
Printed in Germany
ISBN 978-3-426-78125-8

Inhalt

Jetzt wird's ernst

So oft wurde er mir schon angedroht: der Ernst des Lebens. Vor dem allerersten Schultag zum Beispiel. Meine Oma, die Nachbarin, sogar meine Patentante, sie alle kündigten ihn mir drohend an. Oma schaute dabei so, als habe sie Lassie eingeschläfert. Der Ernst des Lebens dauerte gerade mal anderthalb Stunden, und ich war wieder zu Hause, ehe meine Mutter die Kartoffeln fürs Mittagessen auch nur geschält hatte. Ich musste zwar am nächsten Tag wieder hin, hatte aber noch nicht einmal Hausaufgaben auf. Vor dem Gymnasium hieß es auch wieder, dass jetzt wirklich der Ernst des Lebens vor der Tür stünde. Ich stand nach dem ersten Tag wieder vor der Tür, als die Kartoffeln noch hart im blubbernden Kochwasser tanzten. Vom Ernst hatte ich bis dahin rein gar nichts zu Gesicht bekommen. Weder im Klassenzimmer noch auf dem Schulhof. Natürlich gab es später doch Schulaufgaben, Arbeiten, Klausuren – auch vermasselte. Sonderlich ernst habe ich das nicht genommen. An meinem achtzehnten Geburtstag musste ich mir dann am häufigsten folgenden Satz anhören: »Dann beginnt für dich wohl jetzt der Ernst des Lebens«, und wieder ließ der gute Ernst auf sich warten. Es veränderte sich nichts. Außer, dass ich nun einen schweinchenrosanen Führerschein im Portemonnaie hatte, der mir rein gar nichts brachte, weil mein Vater die Schlüssel zu seinem Auto unter Verschluss hielt. Einen eigenen Wagen – einen gebrauchten Fiat Panda – bekam ich schließlich zum Abi. Zusammen mit der Drohung, dass für mich ja nun der Ernst des Lebens begänne. Es begann aber lediglich ein reger, wenn auch einseitiger, Briefverkehr zwischen der Stadt-verwaltung, Abteilung Verkehrsdelikte, und mir. Besonders ernst fand ich die Lage noch immer nicht. Auch vor dem ersten Tag an der Uni wurde er mir angekündigt, der Ernst des Le-bens. Stundenlang habe ich in der Mensa Kaffee um Kaffee getrunken und gewartet. Vergeblich. Ich war mir schon fast sicher, dass ich irgendwann bei meinem tattrigen Einzug in ein staubiges Seniorenheim mit den Worten begrüßt würde: »So, dann fängt für Sie wohl nun der Ernst des Lebens an.« Doch jetzt plötzlich, ganz überraschend, muss ich feststellen: Er ist da. Ich war heute Nachmittag bei Sabine, und ich weiß jetzt, dass es ernst wird. Vielleicht nicht für immer, vielleicht nicht dauerhaft. Aber jetzt hat er sich doch reingeschlichen, der Ernst ist durch die Hintertür gekommen und lehnt grinsend im Tür-rahmen.

»Ein eigener Garten wäre schon schön«, hatte Sabine gesagt. So ganz nebenbei. In meinen Ohren klingt das nicht nur erwach-sen, es klingt ein ganz klein bisschen alt. Was noch bedroh-licher ist: Ich habe das auch schon gedacht. Kann ja sein, dass der Ernst des Lebens sich bei mir oft veralbert und deplaziert fühlt und schmollend weiterzieht, manchmal kriegt er doch den Fuß in die Tür. Zum Beispiel eben in die Gartentür.

Ein eigener Garten

Ich will ja gar nicht behaupten, dass Sabine und ich Gras bislang nur in rauchbarer Form gekannt hätten, das wäre definitiv zu dick und zu verwegen aufgetragen. Aber die Natur, in welcher Form auch immer, hat uns höchstens in Gestalt einer roten Rose interessiert – vom richtigen Mann überreicht natürlich. Und Gärten – womöglich noch als Vorgärten – waren flächendeckende Spießigkeit. Das klang doch schon nach schmutzigen Fingernägeln und Rückenschmerzen. Nach Unkraut statt Augenbrauen zupfen. Sabine hat für ihr plötzliches Verlangen nach grünem Gras ja wenigstens noch Klein Carlos als Ausrede. Dass für Kinder ein Garten als Outdoor-Spielzimmer hilfreich ist, weiß jeder. Carlos kann dann im Sandkasten Backe-Backe-Kuchen spielen, während Mama Sabine das Gleiche in der Küche zelebriert – wobei ihr Ergebnis allerdings nicht nur optisch bestechen muss. Außerdem hat es für Sabine den immensen Vorteil, dass sie ihrem backenden Filius nicht von der Bank am Spielplatzrand zusehen muss, wo sie schon so manches Mal Opfer austauschfreudiger Mit-Mütter geworden ist. Ein einziges Mal hat sie versucht, mit Walkman der Dauer-Bequatschung zu entgehen. Dabei hatte sie mit geschlossenen Augen verpasst, wie es klingt, wenn Carlos sein Schippchen auf dem Kopf eines anderen Sandmännchens zerdeppert. Kurz: Sabine darf sich einen eigenen Garten wünschen. Aber ich? Ich stehe rat- und kinderlos vor diesem Biedermann-Begehren und stelle fest: Ich möchte wirklich einen eigenen Garten. Nur für mich allein. Ich will keinen Garten mehr zur »Mitbenutzung«. Keine neun Quadratmeter hinterm Haus, die für sechs Mietparteien reichen müssen. Meist sind ja die Grünstreifen auf der Autobahn reizvoller als diese grau-grünen Quadrate im Schatten der Mülltonne. Ich möchte nicht mehr erst den Liege-Klappstuhl mit Stockflecken aus dem Keller holen müssen und mich beim ersten Sonnenbad immer fragen, wer wohl gerade hinter der Gardine steht, mich anglotzt und Sätze denkt wie: »Die sollte mal lieber die Treppe putzen.« Oder auch: »Wofür hat die denn ein Bikini-Oberteil an?«

Es ist ja gar nicht so, dass dieser grüne Wunsch auf einmal vom Himmel gefallen ist. Meinem kleinen Küchenbalkon ist schon deutlich anzusehen, dass ich tief in meinem Herzen grüne Wünsche hege. Allein vier riesige Terracottatöpfe zieren den Boden. Was daraus wächst, ist keine Zier, aber immerhin lebt es noch, vermehrt sich und wuchert. Dazu gibt es natürlich noch ein Stuhl-Tisch-Stuhl-Ensemble. Abgerundet wird das Mobiliar durch einen dreibeinigen Grill von der Tankstelle, einen Kasten Sprudel und diverse Windlichter. Wenn ich den Balkon betrete, habe ich immer ein bisschen Angst, dass das die Statik vollends überfordert und ich mitsamt dem Bauwerk auf den Asphalt knalle. Dabei würde ich gerne Kai bitten, mir einen Sonnenschirm aufzustellen. Ich bin nämlich ernsthaft dazu übergegangen, mich lieber im Schatten zu sonnen.

Vor einigen Jahren noch habe ich mich über Balkone nur dann gefreut, wenn sie zu Nichtraucherwohnungen gehörten. Ich habe schon ganze Partys auf dem Balkongeländer verbracht, weil drinnen die Luft nicht verpestet werden durfte. (Zumindest nicht von Nikotin. Dampfende Duftöle über Teelichtern und Räucherstäbchen waren erstaunlicherweise meist zugelassen.) Ansonsten war »draußen sein« für mich kein wünschenswerter Zustand, sondern nur eine Phase zwischen A und B. Ich war an der frischen Luft, wenn ich von einem Ort zum nächsten wollte. Jetzt ist da der Wunsch, vor der Tür zu sein, um da zu verweilen. Und zwar im umzäunten Garten. Mit Kräuterbeet. Ich habe es nämlich satt, andauernd teure Basilikumtöpfe zu kaufen, die halb abgeerntet in meiner Küche einen langsamen, aber sicheren Tod sterben. Ich kenne kein Rezept, für das man ein gesamtes Basilikumgebinde benötigt (zumindest nicht, wenn man nur ein bis zwei Personen bekochen möchte). Also zupfe ich von dem teuer gekauften Gebinde ein paar Blätter ab und versuche den Rest zu konservieren. Im Schatten, in der Sonne, gut gegossen, halb vertrocknet: Es ist egal. Nach spätestens zwei Tagen – meist ein Dienstag – zerfallen die ersten Blätter zu Staub. Oder bekommen so einen gräulichen, samtigen Pelz. Und wenn ich am Freitag nach der Arbeit wieder fürs Wochenende einkaufe, landet wieder so ein Basilikumtopf in meinem Einkaufswagen. Wie schön wäre es, wenn ich einfach in meinen Garten gehen könne, um schnippschnapp ein paar Blätter abzuschneiden. Ich will ja gar nicht beim Wettbewerb »Der dickste Kohlrabi« gewinnen. Ich würde neben dem Basilikum ein bisschen Dill anpflanzen und vielleicht auch noch Petersilie. Dann würde ich mir auch ein

Kochbuch zulegen, wo solche Zutaten vorkommen, und zwar frisch.

Hätte ich einen eigenen Garten, müsste ich auch meine Gartenmöbel nicht dauernd hin und her tragen. Meine Liege hätte in meinem Garten ihren Stammplatz. Es wäre natürlich auch keine Wie-stelle-ich-die-auf-Liege mit Stoffbezug. Ich denke eher an Teakholz. Schweres, dunkles Holz. Darauf helle Kissen. Viele helle Kissen. Passend zu meiner hellen Sommerhose. Ich bin entsetzt. Werde ich dann auch abends immer skeptisch gen Himmel gucken und sicherheitshalber doch die Polster reinholen? Werde ich semi-hysterische Sätze sagen wie: »Pass bitte mit dem Rotwein auf!«?

Wein

Es war doch mal ganz einfach. Es gab Weißwein, und es gab Rotwein. Und wer Rosé trank, war doof. Aber plötzlich ist alles viel komplizierter. Ich glaube, seit dem Moment als Prosecco das Land überschwemmte. Plötzlich muss ich mich entscheiden, ob ich lieber einen spritzigen Riesling möchte oder einen samtig-bauchigen Merlot. Ich habe mich selber schon Sätze sagen hören wie: »Dieser Chardonnay ist aber sehr angenehm ölig.« Anscheinend habe ich das Alter oder den Reifegrad erlangt, in dem ich Wein würdigen muss und nicht mehr einfach trinken darf – von schütten jetzt mal ganz zu schweigen.

Unser Chef fand es im vergangenen Jahr besonders stilvoll, die gesamte Belegschaft erst zu einer Weinverkostung zu laden – ehe sich dann alle beim Essen die Kante gaben. Wir standen in einem muffigen Keller und mussten ein ellenlanges Referat über Trauben, Lagerung und Öchsle über uns ergehen lassen, wobei Öchsle für mich nur wie ein Schweizer Nachname oder ein Pferdehindernis klingt. Als dann endlich die Gläser gefüllt wurden, habe ich sofort brav ausgetrunken. Ganz netter Tropfen. Peinlich wurde es erst, als alle danach ihre Ration in einen Eimer spuckten. Ich stand da mit leerem Glas und leerem Mund.

Erst ein paar Wochen später konnte ich mich für die herablassenden Blicke rächen. Bei einem Geschäftsessen fand es derselbe Chef besonders witzig vorzuschlagen: »Frederieke, suchen Sie doch den Wein aus. Sie trinken doch gerne Wein, oder?« Noch ehe er den potenziellen Kunden die ach so lustige Geschichte über seine unbedarfte Mitarbeiterin erzählen konnte, hatte ich schon den Ober herbeigerufen und ihn nach seiner Empfehlung befragt. Komisch, dass er den teuersten Tropfen für passend hielt. Als der Wein dann eingeschenkt war, habe ich ganz brav erst ein bisschen geschwenkt, dann mein Näschen ins Glas gehalten und geschnuppert, und nach dem Schluck mit Kennerblick gesagt: »Herrlich, was dieser Jahrgang für ein Haus baut, oder?« Diesen einen – völlig bescheuerten – Satz hatte ich mir bei der Verkostung gemerkt. Und es hatte sich gelohnt.

Komisch auch, dass meine Eltern es vergangenes Jahr für passend hielten, mir einen Weindekanter zu schenken. Meine Reaktion: »O wie schön, ein Glas-Urinal. Das habe ich mir schon immer gewünscht. Dann muss ich nachts ja gar nicht mehr raus«, fanden sie nicht witzig. Mein Vater hat mir wirklich einen Vortrag gehalten, dass Wein atmen müsse. Ich hätte gerne gewusst, ob ich denn dann auch mal mit meinem Soave spazieren gehen sollte, damit der auch ausreichend frische Luft bekommt. Habe mich aber nicht getraut zu fragen. Dazu bin ich jetzt zu erwachsen.

Selbst Sabine und Martin sind jetzt auf dem Trauben-Trip. Sie haben sich in ihrer Küche einen Profi-Entkorker installiert. Mit dem ist jede Flasche in wenigen Sekunden geöffnet. Ich hatte immer gedacht, so etwas lohnt sich nur in Restaurants oder Alkoholikerhaushalten. Außerdem besitzen sie ein Weinthermometer. Das zeigt an, ob der Weißwein kühl genug, der Rotwein warm genug ist. Toll. Ich habe geäußert, dass ich dafür das normale Fieberthermometer nähme. Und für eine Zehntelsekunde haben die beiden das wirklich geglaubt. Erst dann ist ihnen wohl eingefallen, dass das mit der Skala gar nicht hinkommt. Zugetraut hätten sie mir das wahrscheinlich sogar. Doch Sabine und Martin sind kein Einzelfall: Überall um mich herum wird jetzt der absolute Wein-Bohai gemacht. Wein wird auch nicht mehr einfach bei Aldi (zum Eigenverzehr) oder Karstadt (zum Verschenken) gekauft. Der wird bei Weinhändlern erst schnüffelnd und schmatzend gekostet, ehe er dann im Sechserpack im Kofferraum landet. Der Virus hat sogar Kai befallen. Kai ist eigentlich Biertrinker (was ihn sympathisch macht) und außerdem ist ihm selten was peinlich (was das Zusammenleben mit mir enorm erleichtert). Als ich allerdings beim letzten Wein-Großeinkauf nach dem dritten Glas Probier-Wein feststellte, dass ich noch einen Pfefferminz-Kaugummi im Mund hatte, hat er sich richtig für mich geschämt. Am unangenehmsten beim gehobenen Weingenuss – also beim Genuss im gehobenen Alter jenseits der Dreißig – ist der Moment des Probierens im Restaurant. Wir trinken jetzt Wein zum Essen – auch außerhäusig, und zwar flaschenweise. Wir können es uns leisten und meistens müssen wir das auch, um den gleichen Effekt zu erzielen, für den vormals ein einziges Glas Vino reichte. Also wird ein Fläschchen auf der Karte ausgesucht, und bald naht der Ober damit, um es umständlich und langatmig zu entkorken. Und diese zwei, drei Sekunden, in denen das Getränk im Mund verweilt, ehe dem Ober dann halb erfreut, halb anerkennend zugenickt wird, finde ich fast unerträglich. Schon wenn Kai der Probierer ist und ich nur stumm zusehe. Wenn ich selber aus welchen Gründen auch immer diese Rolle übernehmen muss, stehe ich am Rande einer Panikattacke. Ich habe Angst, mich zu verschlucken, und spüre alle Augen auf mir. Meist kommt bei mir eine wellenartige Kopfbewegung heraus: Ich lege den Kopf in den Nacken, schlucke schnell, lass den Kopf wieder nach vorne fallen und sage kurz und laut »ja«. Ich fürchte, ich ähnele dabei einer hustenden Robbe. Leider lässt aber schon die nächste Erwachsenen-Situation nicht lange auf sich warten: das Trinkgeld.

Trinkgeld

Als mich Kai nach einem – zugegeben – guten Essen in einem guten Restaurant fragte: »Hast du vier, fünf Euro fürs Trinkgeld klein?«, wusste ich sofort: Ich bin jetzt groß. Vier, fünf Euro – davon konnte ich vor nicht allzu langer Zeit die gesamte Mahlzeit bezahlen und nicht nur den Kellner, damit er die Arbeit tut, für die er angestellt ist (und vermutlich bezahlt wird). Ich bin mir gar nicht sicher, ob das jetzt am Euro oder an meinem Alter liegt, aber kann es sein, dass ich vor einigen Jahren für diese Summe noch einen leckeren Salat plus Wasser bekommen hätte? Vorbei die Währung, vorbei das Alter: Jetzt muss das Kleingeld fürs Trinkgeld her. Wie viel gibt man? In Reiseführern lese ich immer wieder Tipps, wie hoch der Tip im jeweiligen Land sein sollte. Vielleicht sollte ich mir mal einen Reiseführer über Deutschland kaufen, um da nachzuschlagen, was man hier so gibt. Obwohl ich wahrscheinlich in der Situation eh Probleme hätte, auf die Schnelle fünfzehn Prozent von achtundvierzig Euro neunzig auszurechnen. Und eigentlich ist es ja schon fast antik, das Trinkgeld in klimpernden Münzen dem Mann ins schwitzige Händchen zu legen. Wer modern ist, lässt das gleich mit abbuchen und trägt die Summe locker in die Rechnung ein, ehe er dem Ober die Eurocard in die Hand drückt (oder ins schweinslederne Mäppchen legt). Das ist für mich richtig erwachsen. Wenn mich allerdings die Umstände, also mangelndes Barvermögen, zur Kartenzahlung im Restaurant nötigen, ist das für mich eine Phase höchster Konzentration. Wo muss ich unterschreiben? Wer bekommt welchen Durchschlag? Habe ich meine Kreditkarte wieder eingesteckt? Oder habe ich den Kellner jetzt mit meiner Krankenversicherungskarte losgeschickt? Und wo ist die Rechnung, die ich von der Steuer absetzen will?

Wenn ich das Problem des Trinkgeldgebens nur hätte, wenn Kai und ich feudal essen gehen, könnte ich das wirklich vernachlässigen. Ich gehe wahrscheinlich häufiger zur Krebsvorsorge als hübsch mit meinem Liebsten dinieren, aber die Frage stellt sich ja schon nach profanen zwei Bier oder auch Kaffee mit Kuchen. Was sage ich bei einer Endsumme von sieben Euro neunzig? Sage ich wirklich: »Machen Sie acht.«? Wie geizig. Also sage ich: »achtfünfzig bitte«. Ich gebe sechzig Cent Trinkgeld, weil ich ein Stück Kuchen samt einer Tasse Kaffee bekommen habe. Also Wegegeld quasi. Das sind eine Mark zwanzig. Also waren es zumindest mal. Das finde ich verdammt ernst. Was mich am meisten dabei irritiert: Hat man nicht seinerzeit auch Trinkgeld erfunden, um nicht immer so viel Kleingeld im Portemonnaie zu haben und damit die Kellnerinnen nicht immer stundenlang nach Münzen wühlen mussten? Wenn ich jetzt also auf achtfünfzig runde und eh wieder Münzen retourbekomme, kann ich nicht dann auch auf acht Euro zwanzig runden? Dann hätte ich dreißig Cent Trinkgeld gegeben. Das fände ich angemessen. Das wären sechzig Pfennige.

Gut – offiziell gibt es Pfennige und Mark nicht mehr. Das weiß ich wohl. Meine interne Rechenmaschine kann aber mit Euro nichts anfangen. Zu der Einheit habe ich keinen Bezug. Ob was billig oder teuer ist, weiß ich erst, nachdem ich umgerechnet habe. Ich denke in Mark. Ich bin sogar schon so alt, dass ich noch weiß, dass ein Groschen mal zehn Pfennige waren. Bin ich mit meiner Währungsverbundenheit nur ein Gewohnheitstier oder schon altmodisch?

Altmodisch

Es kribbelt mir in den Fingern. Ehrlich. Sobald ich einen von diesen schlurfenden Jungs mit hängenden Schultern und hängendem Schritt sehe, würde ich am liebsten mit beiden Händen die Hose packen und hochziehen. Damit der Schritt da anfängt, wo der Po aufhört. Natürlich mache ich das nicht. Erstens weiß man ja nie, wie der jeweilige Hosen-Träger darauf reagiert (wissen die, dass man Frauen nicht haut?), und zweitens sieht das ja total muttimäßig aus. Eigentlich fühle ich mich noch nicht so alt. Die vier ist noch nicht erreicht. Aber wenn ich mit so manchen modischen Auswüchsen konfrontiert werde, fühle ich mich so überholt wie ein Festnetzanschluss. Wie ein Telefon mit Wählscheibe. Wir haben uns früher Risse in die Jeans gemacht. Erst am Knie, dann ganz verwegen am Hintern. Da konnte man aber noch so sehen, wo der Hintern ist. Jetzt gibt es die Schritt-in-den-Knien-Hosen, bei denen ich mich frage, wie die physikalisch halten. Ich weiß auch erst seit kurzem, dass der Rand der rauslugenden Unterhose oben an die Jeans genäht ist. Ich will gar nicht wissen, ob darunter dann noch eine vollständige zweite Unterhose getragen wird.

Oben auf dem Kopf sieht es ja nicht viel besser aus. Warum zum Beispiel tragen Jugendliche Häkelkappen, die meine Klopapierrolle entsetzt abschütteln würde? Wir haben früher die Baseballkappe ganz verwegen mit dem Schirm nach hinten getragen. Natürlich sah das auch doof aus, aber es hat nicht völlig das Gesicht entstellt wie die Handarbeitshüte. Ja, auch wir sind tätowiert – aber nicht so, dass jeder Personalchef, potenzielle Schwiegervater oder wer auch immer gleich von einem fauchenden Drachen auf dem Unterarm angeglotzt wird. Und seit wann werden nicht mehr nur Ohrläppchen oder auch mal der eine oder andere Nasenflügel, sondern auch Augenbrauen, Zungen, Brustwarzen und andere noch empfindlichere Körperteile mit Ringen durchbohrt? Wir wollten ja früher auch provozieren, aber doch nicht mit vollendeter Eigen-Körperverletzung. Komisch: Wieso fällt mir jetzt mein Vater ein, der angesichts eines millimetergroßen Ohrsteckers von Verstümmelung sprach?

Was mich eigentlich am allermeisten besorgt: Mir fehlt jegliches Verständnis, jegliche Gelassenheit für diese modischen Verrenkungen. Meine Toleranz scheint in die Jahre oder auch ganz abhandengekommen. Warum müssen Mädchen, die eindeutig ein Gewichtsproblem haben – vornehmlich in der Körpermitte – mit zu kurzen T-Shirts rumrennen? Glauben die, Fett verbrennt, wenn es friert? Ist es sehr spießig, wenn sich dadurch mein ästhetisches Empfinden gestört fühlt? Ich ahne es. Die Antwort lautet JA. Und ganz ehrlich: Ich habe noch ganz andere spießige Gedanken. Ich liebe es zum Beispiel, wenn mir ein Mann die Autotür aufhält. Also nicht die Fahrertür, damit ich ihn volltrunken nach Hause kutschieren darf.

Das würde ich Kai niemals sagen. Er würde mir nur stumm einen Vogel zeigen oder mir völlig übertrieben hinten die Tür aufreißen und sich verbeugen, als wäre ich Königin Beatrix. Aber ich meine das ernst. Wenn ein Mann für mich die Beifahrertür öffnet (und kein Taxifahrer ist), finde ich das galant. Mir darf auch gerne in den Mantel geholfen werden – vorausgesetzt ich muss mir nicht den Arm auskugeln, um in den Ärmel zu kommen. Das heißt ja nicht, dass ich zum Kurkonzert oder per Tischtelefon zum Tanz aufgefordert werden möchte, das sind nur so kleine Aufmerksamkeiten, die frau schätzt. Immer. Oder? Oder kommt das erst mit dieser Art Jacken, die keinen Aufhänger mehr haben, weil man dafür besser einen Bügel benutzt?

Bügeln

Es hat mich seinerzeit gleichermaßen entsetzt und belustigt, zu sehen, wie meine Mutter Handtücher gebügelt hat. Zunächst einmal war es im Zeichen der Emanzipation ein absolutes Unding, dass die Frau in der Familie für solch entwürdigende und krampfaderförderliche Tätigkeit verantwortlich war. Zudem war es in meinen Augen absoluter Schwachsinn, ein Stück Stoff zu bügeln, das bei seiner allerersten Benutzung gleich wieder zerknubbelt wird. Ich bügle immer noch keine Handtücher, noch nicht mal die Ränder, aber vor ein paar Wochen habe ich gesehen, wie meine Hände eine Schlafanzughose aufs Bügelbrett legten. Eine Schlafanzughose von Kai. Wir haben die Aufgaben im Haushalt verteilt, zu meinem Part gehört die Wäsche. Und ich stand wirklich kurz davor, eine Pyjamahose zu glätten. Ein Stück Stoff also, das bei seinem ersten Einsatz völlig verknubbelt und verknautscht wird, und zwar im Dunkeln. Ich war entsetzt. Erstaunt stellte ich fest, dass in meinem Bügelkorb auch zwei Jeans lagen – immerhin von mir. Wann habe ich angefangen, meine Jeans zu bügeln? Wann habe ich damit begonnen, mit der Spitze des Bügeleisens die Tascheneingänge zu plätten? Dass ich mehr Blusen als früher bügle, ist kein Wunder. Schließlich habe ich früher keine Blusen besessen. Jetzt schon. Jetzt besitze ich auch Kleidungsstücke, die man nicht mit der Höchsttemperatur bearbeiten darf. Bis vor zwei, drei Monaten war mir nicht bewusst, dass man die Temperatur an einem Bügeleisen variieren kann. Wer es wissen will: Viskoseoberteile bekommen einen interessant glänzenden Film, wenn sie zu viel Hitze abbekommen. Ich bekomme einen vergleichbaren glänzenden Film, wenn ich mal wieder versuche, meine Leinenbluse zu bügeln. Okay: Leinen darf knubbeln. Aber Leinen darf noch nicht völlig verknubbelt angezogen werden. Ich mag es einfach nicht mehr, wenn auf den Schultern noch die Abdrücke von den Wäscheklammern zu sehen sind. Von so viel Erwachsensein bin ich fast bedrückt. Aber immerhin habe ich einen schnellen Weg gefunden, Tischdecken eine Grundglätte zu geben, denn ich gehöre noch nicht zu der »Ich habe noch einen Korb Mangelwäsche in der Reinigung«-Fraktion. Der Tipp: Einfach die noch feuchte Decke auflegen und abwarten. Gleiches gilt für Vorhänge. Was mich auch hoffen lässt: Ich drehe frische Bettwäsche nicht auf rechts, um sie gefaltet in den Schrank zu legen, um sie wieder auf links zu drehen, wenn ich sie brauche. Und noch nie habe ich den unbequemen Hausfrauen- und Muttersatz zu Kai gesagt, der da lautet: »Hilf mir mal Wäsche recken.« Der ist von früher. Aber manchmal ist früher gar nicht mehr so weit weg.

Früher

Ich war entsetzt. Zutiefst entsetzt. Ich stand an Sabines Spüle gelehnt, sah ihr zu, wie sie ein Brot für Klein Carlos schnitt, und wir klönten über irgendwas Hochwichtiges. Vorteile von Hüfthosen, Nachteile von Schlaghosen – oder so. Ganz vorsorglich schnitt Sabine dabei die Kruste von dem Leberwurstbrot ab, und dann biss sie hinein. Nicht in die Kruste. Ungerührt überreichte sie die Scheibe mit dem Abdruck ihres Oberkiefers ihrem Sohn und wandte sich mir zu. Ein Wort, das ich gerade sagen wollte, blieb mir wie ein Bissen im Halse stecken. So sahen alle meine Brote früher aus. Keine Ahnung, wie viele meine Mutter mir im Laufe der Jahre geschmiert hat (Brote!!!) – sie hat in jedes einzelne einmal reingebissen. Ich glaube, ich war seinerzeit kurz davor, mir zu Weihnachten eine unangeknabberte Knifte vom Christkind zu wünschen. Dabei geht es nicht um die Menge des Essens, sondern den unangetasteten Genuss. Dieses Nur-meins-Gefühl. Ich versuchte das natürlich Sabine zu erklären.

»Sabine, denk an Carlos. Ich habe mir damals geschworen, das niemals bei meinen Kindern zu tun.«

»Du hast dir wahrscheinlich auch geschworen, Brötchen nie

27

über der Spüle aufzuschneiden«, hat sie gekontert. Und ich war still.

Ja, ich gebe es zu. Ich tue das mittlerweile. Angefangen hat es samstags nach dem Putzen. Wenn ich das Bad gewienert, Böden gesaugt, Fliesen geschrubbt habe, habe ich Hunger. Und immer ist noch ein Brötchen vom Frühstück über. Und ich habe einfach Skrupel, den blitzenden Küchenboden gleich wieder mit Krümeln zu versauen. Schlimm genug, dass schon wieder Besteck und Teller schmutzig werden, wo gerade einmal alles blinkt und blitzt. Also zersäbel ich das Brötchen über dem Spülbecken und spül die Krümel zack, zack ins Nirwana. Überhaupt trägt die Küche doch so einige Anzeichen von ernsthaften Absichten. Ich falte die Trockentücher zum Beispiel auf Quadrat. So entstehen schön stapelbare Vierecke. Bei Mama früher war das kleinkariert. Ich habe wirklich mit ihr darüber gestritten und ihr mitgeteilt, wie niederschmetternd ich es fände, dass jemand seinen Intellekt dazu verwendet, Trockentücher immer in genau derselben Art zu falten. Das sei absolut penetrant penibel. Genauso wie Untersetzer. »Das Leben hinterlässt nun mal Spuren. Sei doch froh über die Ringe auf dem Tisch, dann sieht man wenigstens, dass hier gelebt wird«, hatte ich meinen Eltern an den Kopf geworfen. Jetzt habe ich selber welche. Untersetzer. Ganz witzige sogar. Ich nehme nämlich einfach Werbe-CDs oder DVDs, die man überall nachgeworfen bekommt. Ich mache auch kein großes Aufheben über das Darunter: Sobald jemand ein Glas auf unserem Glastisch abstellen will, schiebe ich mit einer kurzen, unauffälligen Bewegung die Scheibe auf den Landepunkt. Ich finde das doof. Peinlich sogar. Aber nur kurz. Die

Ränder mit Sidolin in die Unsichtbarkeit zu wienern, dauert länger.

Nicht peinlich, eher schon traurig finde ich, dass ich plötzlich weiß, was das heißt, dieses: »Es zieht!« Ich war früher überzeugt, meine Eltern – und alle jenseits der Vierzig – spinnen, wenn sie mit leicht vorwurfsvoller Stimme äußerten: »Hier zieht's!« Meist hat sich dann herausgestellt, dass im Keller ein Fenster auf Kipp stand oder so. Ich spüre es selber mittlerweile, wenn unten an der Haustür der Briefkastenschlitz offen steht. Es ist kein richtiger Wind, der dann durch die Wohnung weht. Es ist so ein kaum spürbarer Hauch, der auf der Haut liegt. Ist es wirklich schon so lange her, dass ich Strickjacken nur aus modetechnischen Gründen getragen habe? Immerhin schiebe ich mir in die Bündchen dieser Strickjacken noch keine angerotzten Tempos. Aber es gibt ja andere, schlimmere Marotten.

Marotten

Allein das Wort klingt ja schon mottig. Angestaubt. Und je mehr Marotten ich bei mir selber diagnostizieren muss, umso angestaubter fühle ich mich. Es gibt eindeutige Charakterzüge, die in Abgründe blicken lassen. Ob man das Frühstücksei köpft oder fies pellt. Ich meine aber eher die kleinen penetranten Eigenarten. Bei mir ist es zum Beispiel das Klopapier. Ich kann es nicht haben, wenn es falschrum hängt. Also nach hinten abrollt. Ich habe Kai so weit erzogen, dass er erstens die Klotür von innen zumacht und im Zweifelsfall eine neue Rolle auflegt, da kann ich ihm nicht auch noch beibringen, die Rolle in meiner Lieblingsposition zu installieren. Das klingt ja auch total spießig. Ich weiß, dass es das ist. Aber es ist wie ein Zwang. Kai ist dagegen ein Rechter-Winkel-Neurotiker. Wenn ich die Fernsehzeitung schräg auf den Couchtisch lege, weiß ich, dass Kai sie wenige Sekunden später geraderücken wird. Ich habe ihn mal – das Fernsehprogramm war total öde – provoziert und das Heft immer mal wieder (»Wann kommen denn Nachrichten?«, »Was läuft denn morgen?«, »Ist der Film nicht von 1998?«) zur Hand genommen und schräg zurückgelegt. Mit unbewegter Miene hat er es immer wieder – ungefähr siebzehnmal – in rechte Stellung geschoben.

Aber ich muss mich an die eigene Nase fassen. Ich fasse mir zum Beispiel immer ans rechte Ohr, wenn ich nervös bin. Oder ich schiebe mir den Daumennagel zwischen die oberen Schneidezähne. Mir wird ganz anders, wenn ich mir überlege, welche Marotten ich mir im Laufe der Jahre so zugelegt habe. Als wäre jedes Jahr zu Weihnachten eine dazugekommen. Das fing irgendwann mal mit meinem Bedürfnis nach Helligkeit an. Sobald ich ein Zimmer betrete, muss ich die Lampe anknipsen. Meist vergesse ich, sie zu löschen, wenn ich das Zimmer wieder verlasse. Ich komme so gegen halb sechs von der Arbeit nach Hause, um fünf vor sechs ist unsere Wohnung hell erleuchtet und dem Stromzähler ist schon schwindelig. Natürlich hat mein Süßer sich schon mal bemüßigt gefühlt, das zu kommentieren. Er wollte wissen, ob wir nicht ein eigenes Windkraftwerk im Garten aufstellen wollen. Ich habe ihm gekontert, dass wir das wohl müssten, wenn ich weiter seine Socken akkurat zusammenfalten soll. Für diese Tätigkeit brauche ich nämlich ausreichend Licht. Kai mag es gar nicht, wenn seine Socken aufgerollt werden. So würden sie zu viel Platz wegnehmen, meint er. Also müssen sie Ferse auf Ferse gefaltet werden. (Hatte ich schon erwähnt, dass die Wäsche in mein Hoheitsgebiet fällt?)

Der Zwang der Routine hat sich schon auf zeitliche Abläufe ausgeweitet. Vieles passiert immer in genau der gleichen Reihenfolge: Pipi machen, Zähne putzen, Brille absetzen, Gesicht waschen, Ringe ablegen, eincremen: So muss meine Abendzeremonie aussehen. Ich komme schon ganz durcheinander, wenn ich gar keine Ringe trage. Es gab mal Zeiten, da bin ich ohne Gesichtwaschen (ja, ja, auch ohne Zähneputzen) ins Bett gegangen. Bevor ich das Licht lösche, muss ich übrigens immer noch mal kurz das Kopfkissen aufschütteln.

Immerhin habe ich noch keine Kniffe im Sofakissen. Wenn ich allerdings so recht drüber nachdenke, finde ich allein die Tatsache, dass ich mittlerweile Sofakissen habe, bedenklich. Da hilft es auch nicht, dass ich die geschenkt bekommen habe.

Geschenke

Täusche ich mich, oder habe ich früher brauchbarere Sachen geschenkt bekommen? Zum Beispiel Geld. Jetzt meinen wohl alle, ich hätte schon genug (was nicht stimmt), und ich bekomme eben Sofakissen oder Tischdecken oder kleine Blumenvasen (für einzelne Rosen) und riesige Blumenvasen (für den botanischen Gruß in XXL). Es gibt unnütze Geschenke, die können Retter in der Not sein. Wenn der absolute Heißhunger auf Schokolade sich nachts um zwei Uhr Bahn bricht, tut es ganz gut, dass eine Packung Orangencreme in Bitterschokolade seit Weihnachten in irgendeiner Schublade schlummert. Wie gesagt: Es muss dann aber schon Heißhunger sein. Und so mancher fiese Zitronenlikör, der mir mal mit Schleifchen um den Hals (also seinen Hals) überreicht wurde, hat auf einer Party nachts um eins ein fröhliches Hallo ausgelöst. Aber viele der Präsente, die nicht ess- oder trinkbar sind, lösen bei mir Angst aus. Ich darf die nicht mehr wie früher beim Horror-Wichteln irgendwelchen Freundinnen aufs Auge drücken. Das macht man jetzt nicht mehr. Ich muss die jetzt behalten. Ich bin jetzt groß. Und groß ist allein die Auswahl an unnützen Küchengeräten, die mir im Laufe der Jahre zuteilwurden. Ein Cocktailshaker steht ganz hinten im Schrank neben zwei Waffeleisen (Herzen und Quadrate). Auch besitze ich mittlerweile drei Sets von Fonduegabeln, zwei Woks und eine Parmesanreibe. Ich verfüge über Serviettenringe für eine zwölfköpfige Gesellschaft (so viele Stühle besitzen wir gar nicht). Und die lustigen Tassen erst. Manche verfärben sich außen, wenn sie innen warm werden. Eine total bescheuerte hat den Henkel innen, und mit einem weiteren Modell aus Blech könnte ich im Wilden Westen am Lagerfeuer eine gute Figur abgeben. Ebenso besitze ich eine Porzellanschale, in der ich sieben Oliven in einer Reihe anbieten kann. Die steht unten im Schrank neben der Porzellanschale, in der ich einen einzelnen Schafskäse überbacken kann. Im Fach darüber lungert eine weitere Porzellanschale, in der ich in vier separaten Fächern Antipasti servieren könnte (weiß ich aus der Bedienungsanleitung; für mich sah das Ganze aus wie ein über-dimensionaler Krankenhaus-Tabletten-Spender). Wenn mir der Sinn nach Oliven oder nach Antipasti (also getrockneten Tomaten aus dem Glas) steht, hole ich niemals diese Gefäße raus. Meist nur eine Gabel. Wenn ich es mir dazu romantisch machen möchte, kann ich ein Teelicht entzünden. Dazu besitze ich seit letztem Weihnachten einen kniehohen Kerzenständer in Form eines Herzens. Für ein einzelnes Teelicht. Die aller-schlimmsten Geschenke für den Küchenbereich kommen aber eindeutig aus dem Hause Leonardo, sind aus Glas und immer paarweise unterwegs. Ich habe sechs verschiedene Saftglas-Paare. Mal mit blauen Sternen, mal mit Milchglas-Wolken, auch mit Plastikstil. Ich könnte die wie die Fonduegabeln gleich doppelt eindecken, wenn ich mal sechs Gäste zu Besuch habe. Je ein Glas für Wasser und eins für was Richtiges.

Natürlich habe ich auch früher Bücher geschenkt bekommen, aber nie so was wie »Mimikübungen gegen Falten«. Das ist nicht nur gemein, das ist auch sinnlos. Ich setze mich einfach nicht abends vor den Fernseher, um meine Wangenmuskulatur zu trainieren. Ich schmöker übrigens auch nicht in »Die gesammelten Gedichte von Ringelnatz«. Und ich höre auch nicht »Wellness Volume 2«. Da geh ich doch lieber in die Badewanne und probiere aus, ob die Badesalzkugeln, die Kai mir zum Jahrestag geschenkt hat, wirklich so lustig sprudeln und vor allem wo! Und nach dem Sprudelbad lege ich mich vor den Fernseher, weil da bestimmt irgendwas kommt, was ich unbedingt sehen will.

Fernsehen

Ich habe alles geguckt. Früher. Zumindest samstags und zumindest bis zehn, halb elf. Dann ging es auf die Piste. Jetzt gucke ich, weil ich etwas sehen will. Kurz: Ich gucke Nachrichten. Wenn bei meinen Eltern um kurz nach acht das Telefon ging, hob mein Vater nur kurz eine Augenbraue und fragte: »Wer ruft denn während der Nachrichten an?« Nein, so weit bin ich noch nicht. Aber ich verfolge das Weltgeschehen. Und ich liebe Sondersendungen. Wenn aus aktuellem Anlass – Tod des Papstes, Neuwahl des Papstes, Fußball-Weltmeisterschaft oder so – eine Sondersendung gebracht wird, bin ich Feuer und Flamme. Früher habe ich mich nur geärgert, weil deswegen meine Lieblingssoap verspätet anfing oder im schlimmsten Fall ganz ausfiel. Neulich habe ich mich sogar dabei erwischt, wie ich Kai ein »Pssst« zuzischte, weil er es wagte, während eines Beitrags im heute-journal über das Ende des Sommerschlussverkaufs zu quatschen. (Er hat sich völlig beleidigt die Kugel gegeben, und zwar meine letzte Badekugel.) Doch nicht nur mein plötzlich erwachtes Erwachsenen-Nachrichten-Bedürfnis gibt mir zu denken. Ich gucke auch Dokumentationen. Gerne auch mit Zeitzeugeninterviews. Oder historischem Bildmaterial. Manchmal habe ich schon den Eindruck, ich sei bereits zu Zeiten der Wochenschau groß geworden. Ich kenne schon die Anfangsmelodie. Ich sehe aber auch gerne Magazine. Am liebsten sogenannte Reportage-Magazine, in denen immer irgendwelche Journalisten mit verdeckter Kamera unterwegs sind. Unterwegs mit dem Gerichtsvollzieher, mit der Frau vom Jugendamt, mit dem Team vom Inkassobüro, mit dem Privatdetektiv, mit der Edelhure. Unscharfe und verwackelte Schwarz-Weiß-Bilder ziehen mich total in den Bann. Was ich ein bisschen abstrus finde, sind Insider-Interviews. Ein Mensch – augenscheinlich mit einer Perücke ausgestattet – wird sitzend von hinten gefilmt, dazu kommt sein Text, der offenbar von einem Kehlkopfkranken gesprochen wird. Sollte dann auf einem anderen Kanal eine Tierdokumentation gezeigt werden, bin ich fast in Versuchung umzuschalten. Das konnte mich seinerzeit höchstens in der letzten Biostunde vor den großen Ferien begeistern. Jetzt gucke ich freiwillig und sogar gerne dem Zug der Elefanten durch den Regenwald zu. Auch ein Beitrag über Erdmännchen oder Bonobos kann mich vom Weiterzappen abhalten. Das macht mir natürlich Angst: Wann werde ich so weit sein, dass ich beim Musikantenstadl hängen bleibe? Ich bin ja jetzt schon zu alt für Viva oder MTV. Diese Videoclips sind mir definitiv zu hektisch. Dann gucke ich mir doch lieber eine Kochsendung an. Schlimm genug. Was habe ich früher über meine Mutter gelacht, die sich aus der Brigitte, Petra oder auch der Fernsehzeitung Rezepte rausgerissen und in Schnellheftern gesammelt hat. Besonders peinlich fand ich das übrigens, wenn sie das auch in Wartezimmern von Ärzten gemacht hat. Nicht das Abheften. Das Rausreißen. Ich fand

Kochen an sich einfach nur lästig. Und Rezeptesammeln war papiergewordene Mütterlichkeit. Und ausgerechnet ich gucke mir jetzt an, wie andere Menschen kochen und essen. Und natürlich werde ich neidisch. Ich möchte auch sofort einen Gasherd, eine metergroße Pfeffermühle, frischen Thymian und immer gut gekühlten Chardonnay griffbereit. Am liebsten in einem riesigen, bauchigen Kühlschiff in knallrot. Das taucht immer wieder in Wohnsendungen auf. Die gucke ich auch. Die haben Namen wie Einsatz in vier Wänden und geben mir immer das Gefühl, in einer möbliert vermieteten Wohnung von 1978 zu wohnen. Ich muss so eine Sendung nur vier Minuten sehen, und schon wünsche ich mir, dass so fleißige Helfer wie die GSG 9 einst in Mogadischu auch mein Zuhause stürmen. Seit einiger Zeit habe ich so eine XXL-Phase. Das fing mit der erwähnten Pfeffermühle an. Die habe ich noch nicht. Dafür aber Pastateller, die nicht in die Spülmaschine passen, weil sie tortenbodengroß sind, deswegen mit der Hand gespült werden müssen – und darum nur selten von mir oder Kai benutzt werden. Seit der letzten Renovierungssendung zieren überdimensionale Kissen unseren Wohnzimmerboden. In der Fernsehwohnung passten die auf die Couch. Bei uns nicht. Also liegen sie dekorativ auf dem Boden und immer im Weg. Kai besteht allerdings darauf, dass er nun auch erstens eine Wasserpfeife und zweitens einen Harem will. Das habe ich ihm verwehrt. Nicht wehren konnte ich mich, als er uns – nach einer Sportreportage im Fernsehen – zu einem Golf-Wochenendkurs angemeldet hat. Golf. Ich. Mit Erstaunen – auch aufseiten aller Menschen, die ich kenne und die vor allem mich kennen – habe ich mir selber bei dieser mühseligen Fortbewegungsart zugeguckt. Unglaublich, welche Vorlieben das Alter in uns wecken kann.

Aber wir schlafen ja eh nicht mehr so gut und schon lange nicht mehr so lange.

Neue Wege

Ist es denn wirklich schon so lange her, dass ich sonntags nachmittags beim Minigolf mit Bleistift, Block und einem krummen Schläger hantiert habe? Offenbar. Als Kai mir mitteilte, er interessiere sich neuerdings für die Sportart Golf, habe ich hellauf gelacht. »Sportart«, gluckste ich. Auf einen Schläger gestützt über weiche, grüne Hügel zu schlendern und alle paar Meter mal einen Ball hauen, war in meinen Augen nicht wirklich Sport. Aber Kai meinte es ernst und meldete uns an. Ganz nebenbei beraubte er mich dabei jeglicher Möglichkeit, mich weiter über Sabine und Martin lustig zu machen. Die waren in diesem Frühjahr nämlich beim Pferderennen. Es sei spannend gewesen, hatten beide hinterher unisono geschwärmt. Ich fand früher schon Mädchen total dämlich, die andauernd in irgendeinen Stall rannten, um dreckige Gäule sauber zu striegeln. Sobald eine Freundin von mir sich ein Poster mit einem grienenden Pferdekopf an die Wand pinnte, war die Freundschaft für mich beendet. Ich weiß auch echt nicht, was spannend dabei ist, Pferden beim Im-Kreis-Rumrennen zuzusehen. Das ist wie Formel 1 für Tierfreunde, oder? Immer mal wieder hatte ich Sabine in den vergangenen Wochen gehänselt:

»Und – spielt ihr am Wochenende wieder Rivalen der Renn-
bahn?«

Damit war natürlich Ende, nachdem ich zugeben musste, dass
Kai und ich am Wochenende zum Golfen wollten.

»Das tut mir leid«, heuchelte Sabine. »Ich dachte, ihr hättet
noch Sex.«

Mit einem Eimer voller Bälle fing alles an.

»Ich dachte, man spielt immer den gleichen Ball?«, hatte ich
überheblich gefragt. Eine halbe Stunde später nahm ich meinen leeren Eimer, stülpte ihn um und setzte mich drauf. Ich
war groggy.

»Steh auf! Das ist doch nicht anstrengend, oder?«, fragte Kai
mich mit falscher Stimme. Mir taten schon an dem Nachmittag Muskeln weh, die Zeit meines und ihres Lebens noch nicht
aktiviert worden waren. Am nächsten Morgen musste ich mich
seitlich aus dem Bett rollen, weil meine Hüfte in einer un-
glücklichen Haltung eingerostet war. Außerdem wurde ich sehr
nachdenklich. Wenn ich jetzt schon anfange Golf zu spielen –
was kommt als Nächstes? Werde ich bald mit Skistöcken be-
waffnet durch den Stadtwald marschieren? Ich habe Joggen
schon immer gehasst, werde ich gar zum Walker? Werde ich
Briefe von meiner Krankenkasse bekommen, die mir raten,
mich zur Herzsportgruppe anzumelden? Wie weit ist es wohl
noch bis zum Kegelclub? Bei dem Gedanken gebe ich meiner
Hüfte einen Ruck und bringe mich in eine aufrechte Position.
Außerdem: Etwas Gutes hat meine Beteiligung an dem Golf-
Wochenende. Ich konnte Kai die Einwilligung zu einem Tanz-
kursus abringen. Bis dahin konnte er zwei Tänze: Klammerblues und Discofox. Da Klammerblues seit den späten

Achtzigern out ist, haben wir auf alles immer nur Vor-Vor-Ran getanzt. Egal ob Samba, Cha-Cha-Cha, Jive oder auch Tango: Wir haben jeden Rhythmus mit Vor-Vor-Ran in Grund und Boden getanzt. Allerdings sehr raumgreifend. Kai ist gar nicht so groß, er hat aber extrem lange Beine. Und er ist der festen Überzeugung, mit langen Beinen könne man keine kleinen Schritte machen. So haben wir meist nach zwei, drei Takten die gesamte Diagonale der Tanzfläche absolviert. Wir tanzen nicht, wir cruisen. Als würden wir Kilometergeld bekommen. Damit soll jetzt Schluss sein. Ich werde zu einem langsamen Walzer bald nicht mehr durch den Saal eilen. Ich werde mich langsam im Kreise drehen lassen. Und mein Abendkleid wird im wehenden Bogen meine Beine umschmeicheln. Ja – ich besitze eine Abendgarderobe.

Abendgarderobe

Erst hatte ich den Satz gar nicht gesehen. Erst als ich mir drei Tage vor Kais Firmen-Weihnachtsfeier die Einladung noch mal vorgenommen habe, sah ich die fünf Worte: »Um festliche Kleidung wird gebeten.« Ich bin stehenden Fußes zu meinem Kleiderschrank geeilt und habe sie gesucht, die festliche Kleidung. Alles, was ich fand, war völlig inakzeptabel. Ich stand vor drei Schiebetüren voll mit »nichts anzuziehen«. Wenn ich bis dato festlich aussehen wollte – Weihnachten, Omas Geburtstag, Omas Beerdigung –, habe ich eine schwarze Stoffhose wahlweise mit weißer oder schwarzer Bluse kombiniert. Fertig. Das kam jetzt nicht mehr in Frage. Vor allem nicht die weiße Bluse. Im besten Fall sehe ich damit aus wie zu meiner eigenen Konfirmation. Im schlechtesten Fall wie das Servicepersonal. Und auf Kais Firmen-Weihnachtsfeier wollte ich auf gar keinen Fall mit einer Kellnerin verwechselt werden. Auch mein güldener Lycra-Pullover kam nicht in Frage. Den kann ich allerhöchstens für einstündige Veranstaltungen wählen. Maximal. Danach rieche ich darin wie ein brünstiger Seehund. Nach einer kurzen, aber lautstarken Diskussion mit Kai randvoll mit Sätzen wie »Dann gehe ich alleine!« und auch »Dann gehe ich eben in Jogginghose mit!«, hatten wir uns geeinigt. Ich habe mir ein neues Kleid für seine Feier gekauft, er hat die passenden Schuhe dazu bezahlt. Er wusste zu dem Zeitpunkt noch nicht, dass Stiefel total in sind. Stiefel sind viel Schuh, kosten ergo viel Geld. Der kurze Rock war für knapp die Hälfte zu haben. Beim Anprobieren der diversen Modelle fiel mir auf: Ich wollte für Kai gut aussehen. Weil ich doch »die Frau an seiner Seite« sein sollte. Ich wollte nicht, dass er sich für mich schämen musste. Solche Gedanken waren mir bis dato völlig fremd. Ich habe mich bis dato noch nicht mal selber für mich geschämt – auch in den peinlichsten Momenten nicht. Und aus dem Grund habe ich auch nicht das enge apfelgrüne und ärmelfreie Oberteil gewählt – das mir sehr gut gefiel –, sondern einen engen grauen Kaschmirpullover, der ganz nach »Wir wohnen mietfrei« aussah. Kombiniert mit Omas Medaillon sah ich sogar aus wie »An meine Haut lasse ich nur Wasser und Weißgold«. Und so stand ich auf der Feier neben Kai und fühlte mich so, als würden wir alle »Ball der Ölbarone« spielen. Alle waren so gediegen, so geschniegelt. Und ich wusste nie, wohin mit meinen Händen. So ein »Rock für gut« hat nämlich keine Taschen. Und so umklammerte ich die ganze Zeit meine Handtasche – die übrigens wirklich noch von meiner Konfirmation stammt. Damals passten gerade die Bibel und ein Tempo-Pack rein. Heutzutage fülle ich sie mit Handy, Zigaretten, Feuerzeug, Lippenstift, Tampon, Pfefferminz, Haustürschlüssel, Autoschlüssel, Kellerschlüsseln (keine Ahnung warum), Mini-Parfum-Zerstäuber und der obligatorischen Tempo-Packung. In wenigen Jahren wahrscheinlich habe ich noch neue Batterien für mein Hörgerät und eine Tube Haftcreme dabei.

Oder doch nur wieder die Bibel. Wer weiß? Lieber aber hätte ich auch einen Sektglas-Teller-Clip. Als eine Arbeitskollegin von Kai damit angab, wäre mir fast die Kinnlade bis auf meinen Stiefelschaft geklappt. Sie hatte eine güldene Klammer, die sie an ihren Antipasti-Teller klipste und in den sie ihr Sektglas hängen konnte. Wahnsinn. »Gerade auf solchen Steh-Empfängen ist das unheimlich praktisch«, predigte sie. »Man muss ja doch so vielen Menschen die Hand geben. Gerade, wenn man wie ich so viele kennt«, dozierte sie weiter. Ich hatte auch gerade eine Hand frei, die hätte ich ihr gerne gegeben, und zwar flach ins Gesicht.

»Man kann auch einfach nichts essen«, sagte ich und starrte ihre Hüfte an. Ja, das war nicht ganz feine Dame. Aber ich behaupte ja auch nur, dass wir langsam groß werden. Von fein war nie die Rede.

Fein

Wenn ich vor einigen Jahren noch mit meinen Freundinnen zusammensaß, eine Flasche Sekt kreiste (was oft der Fall war) und diese am Ende des Abends nicht ausgetrunken war (was selten der Fall war), habe ich einfach einen Teelöffel in den Flaschenhals gesteckt. Warum die kleinen Luftbläschen sich dann nicht in Luft auflösen, habe ich nie ganz verstanden, aber es ist so. Heute habe ich für solche Situationen eine enorme Auswahl zur Hand. Normale Teelöffel, winzige Espresso-Löffel, ganz lange Latte-macchiato-Löffel, bunte Plastik-Joghurt-Löffel. (Wenn irgendwann die Stunde gekommen sein wird, werde ich wahrscheinlich gar nicht wissen, welchen Löffel ich abgeben soll.)

Heute habe ich für so einen Fall einen Sektflaschenverschluss. Ich habe auch einen Weinflaschenverschluss. Und Kai hat sogar einen Flaschenöffner, den er auf seine Bierflasche schieben kann, wenn er die mal nicht austrinkt. Aber das ist ein rein hypothetischer Fall. Es ist schon erstaunlich, wie viele Helfer sich im Laufe der Jahre in mein Leben geschlichen haben. Seitdem ich die Weihnachtsfeier-Stiefel habe, habe ich auch Stiefelspanner. Und: Ich benutze sie. Ich möchte einfach, dass die noch ein bisschen halten. Bin ich damit jetzt wertkonservativ? Werde ich mir – wie meine Nachbarin – einen dicken Wintermantel kaufen und seufzen: »Hoffentlich ist das der letzte, den ich kaufen musste.«? Ich gehe irgendwie vorsichtiger um mit meinen Besitztümern. Fällt mir ein schönes Poster in die Hände, wird das nicht einfach mit Reißzwecken an die Wand gepinnt. Ich lasse es rahmen, wähle ein schönes Passepartout aus und lasse Kai dann einen Haken in die Wand dübeln. Wenn ich irgendeinem Möbelstück einen neuen Anstrich geben will, schwinge ich nicht mehr in der Wohnung den Pinsel und die Farbdose: Ich räume den Tisch, Stuhl oder auch das CD-Regal auf den Balkon, unterlege alles mit Zeitungspapier und werde dann erst kreativ. Zeitungspapier nutze ich auch, um nasse Schuhe zu trocknen. Oder auch um die Thermoskanne von innen mal wieder richtig sauber zu machen. Oder um die Fenster schlierenfrei zu bekommen. Ich merke gerade: Mein Zeitungsabo lohnt sich wirklich. Fehlt eigentlich nur noch, dass ich einzelne Zeitungsseiten falte und als Servietten neben die Teller lege. Mach ich nicht. Ich benutze nämlich lustige Papierservietten. Mal mit geometrischen Mustern, mal mit lustigen Motiven, mal schlicht unifarben. Als ich das erste Mal zu einem gemeinsamen Essen von Kai und mir mit Servietten eingedeckt hatte, hat er mich nur staunend gefragt: »Was jetzt? Essen wir mit Besteck oder mit den Fingern?« Ich war entsetzt. Mit spitzem Mund hatte ich ihm mitgeteilt, dass man durchaus mit Besteck essen und eine Serviette nutzen könne.

»Das war ein Scherz, Frederieke«, hat er trübsinnig geantwortet.

Ich verstehe mich einfach selber nicht. Bei uns gab es früher nur Servietten, wenn Oma und Opa zu Besuch kamen oder der Chef von Papa zum alljährlichen Essen eingeladen war. Und ich fand das natürlich super pingelig und etepetete. Jetzt bin ich selber schon so. Und Kais Chef bewirten musste ich auch schon.

Salate à la chef

Klar, kein Problem. Ich mache dann ein paar Handschnitt-chen. Oder möchte dein Vorgesetzter lieber einen Hummer an Champagnersorbet?«, hatte ich gelacht.

Kai hatte mir soeben erklärt: »Mein Chef kommt am Freitag zum Essen.«

Und es war kein Witz gewesen. Das zeigte mir Kais Reaktion: »Kannst du wirklich Champagnersorbet?«

Erstaunt hatte ich geantwortet: »Natürlich nicht.« Nach einer Pause fragte ich vorsichtig nach: »Also dein Chef kommt am Freitag zum Essen. Wohin denn?«

Kai konterte düster: »Erstens hierhin und zweitens mit Frau.«

»Das heißt dann mit Gattin«, verbesserte ich ihn, ehe ich mich auf dem Klo einschloss. Es gibt einige Situationen, vor denen ich seit Menschengedenken Angst habe. Von meinem Vater vor den Altar geführt werden ist eine davon. Eine andere die Ankün-digung: Der Chef kommt zum Essen. Es gibt einfach so viele Fallstricke. Der Bräutigam kommt nicht. Der Chef kommt wirklich.

Nach einem Vollbad nahm ich das Gespräch wieder auf.

»Was soll dein Chef denn hier essen? Du hast ihn doch eingeladen. Was willst du denn dann für ihn kochen?«

Kai beteuerte, er habe ihn nicht wirklich eingeladen. Dafür
habe sein Vorgesetzter irgendwie alleine gesorgt. Und er hatte
irgendwie gehofft, dass ich vielleicht eine Kleinigkeit fabrizieren könnte. Natürlich hätte ich das machen können. Ich hätte
ein paar Leberwurstbutterbrote mit Gürkchen garnieren können, um mich dann mit den Worten: »Es geht doch nichts
über ein ehrliches Butterbrot«, ins Bett zu verkrümeln. Aber
mein Ehrgeiz war geweckt. Ich wollte eine Frau sein, die mal
eben ein Chefmenü auf dem Herd zaubert. Als der Chef samt
Gattin dann um kurz nach acht geklingelt hat, war ich reif für
eine dreiwöchige Kur, eher noch Sanatorium. Es hatte mit der
Rezeptauswahl angefangen. Ich hatte die Kochbücher sämt-
licher Freundinnen durchgearbeitet, alle (!) unsere Wein-, Was-
ser- und Grappagläser poliert, das Besteck entfleckt, unseren
Teppich schaumgebürstet und alles Persönliche und/oder Peinliche aus dem Bad entfernt. Dort war es danach so steril wie
auf den Toiletten in Arztpraxen. Als mir der Chef dann einen
Blumenstrauß (mit Papier, der Depp) überreichte, habe ich
tatsächlich gesagt: »Das wäre doch nicht nötig gewesen.« Solche Klischees werden sonst nur bei Derrick und in Arztromanen
erfüllt.

Ich hörte mir selber zu und fand mich total doof. Als seine
Gattin angesichts des servierten Kartoffelgratins fragend die
Augenbraue hob und auf die vielen Einstiche starrte, sagte ich
ganz selbstverständlich: »Das mache ich, damit die Sauce bes-
ser in die Kartoffeln einzieht.« Das war natürlich totaler
Quatsch. Die Einstiche kamen daher, weil ich seit sieben Uhr

permanent in die Kartoffeln gepiekst hatte, um zu gucken, ob die schon gar sind. Ich stellte fest, dass ich verlogenen Small Talk zelebrierte. Was mich noch mehr erschreckte: Ich konnte es. Als mein Essen gelobt wurde (!), habe ich wirklich abgewunken: »Ach, das war doch nichts Besonderes.« Wenn auch noch mein Outfit (das von der Weihnachtsfeier) gelobt worden wäre, hätte ich wahrscheinlich behauptet, dass ich das schon ewig habe. Warum sagt man nicht gleich: Habe ich ganz billig aus der DRK-Kleiderkammer? Nach dem Essen habe ich brav Espresso und Grappa angeboten und rasch die schmutzigen Teller husch-husch in die Küche getragen. Ansonsten habe ich mich bei den Gesprächen brav und bieder zurückgehalten, vor Wortbeiträgen meine Serviette benutzt und nur mal ab und an einfließen lassen, was Kai für ein Perfektionist ist. Wie zuverlässig er ist und dass er einfach hervorragend im Team arbeiten könne, obwohl er ja von seiner Veranlagung her auch gut Verantwortung übernehmen könne. Ich präsentierte mich als Vorsitzende des Kai-Fanclubs.

Nachdem ich den gesamten Abend Sabine eins zu eins wiedergegeben hatte, guckte die mich nur kurz an und fragte: »Warum hast du dir den Stress angetan? Das Gelaber ist doch immer schon anstrengend genug, da würde ich wenigstens das Kochen outsourcen. Mache ich auch immer. Einfach den Partyservice anrufen und alles in die eigenen Töpfe füllen. Fertig.«

Ich war baff. Auf die Idee war ich gar nicht gekommen. Aber ich habe ja auch schon Schwierigkeiten im Umgang mit unserer Putzfrau.

Putzfrau

Es beginnt ja schon mit der Bezeichnung: Putzfrau. Ist das politisch korrekt? In meinen Ohren nicht. Aber »Reinigungskraft« klingt so, als müsste ein ganzer Bürotrakt gewienert werden. »Perle« hört sich extrem altbacken an. »Reinemachfrau« völlig verstört und grammatikalisch auch etwas holprig. Bei Kai und mir heißt die gute Frau nur »Wisch-Wanja« – schließlich kommt sie aus einem osteuropäischen Land. Vor Dritten sage ich das natürlich nicht, klingt ja fast schon rassistisch. Als ich Sabine von ihr erzählt habe, habe ich gesagt, wir hätten jetzt professionelle Hilfe im Haushalt. »Ihr habt 'ne Putzfrau, oder was?«, hat sie zurückgefragt, und es klang bei ihr ganz selbstverständlich.

Mir ist es immer noch peinlich, dass jemand anderes meine Haare aus dem Waschbecken entfernen muss (obwohl das echt nicht viele sind). Aber nach den ersten drei Wochen unseres Zusammenlebens war Kai und mir klar, dass wir die Reinigung des Haushalts in fremde Spülhände legen mussten. Sonst hätten wir uns nach vier Wochen getrennt. Natürlich war ich diejenige gewesen, die das Bad geputzt hat, den Teppich gesaugt und die Staubschichten eliminiert hat. Es ist nicht so, dass Kai diese Erfordernisse nicht sieht. Er hat nur einen anderen Leidensdruck. Will sagen: eine Ein-Millimeter-Staubschicht auf sämtlichem Mobiliar unserer Wohnung ist noch nicht dick genug, um ihn zum Handeln zu bewegen. Für mich haben dreihundert Gramm Brötchenkrümel unterm Esstisch durchaus Aufforderungscharakter. Es ist auch erstaunlich, was er dagegen noch alles in eine Mülltüte quetscht, die schon lange randvoll ist. Ich glaube, Männer haben ihren Höhlenfrauen seinerzeit nur deswegen erlaubt, mal vor die Tür zu gehen, damit sie den Müll mitnehmen. Wir haben also erst viel gezankt, dann gehandelt und die Kleinanzeigen der Tageszeitung studiert. Erstaunlich, es gibt viel, viel mehr Damen, die bereit sind zärtlich, dominant oder auch anschmiegsam zu sein als sauber und rein. Die meisten legen lieber Hand an den Mann als an den Schrubber. Wir haben aber dann Wanja gefunden. Ihren richtigen Vornamen konnte ich mir nie merken, aber das ist nicht schlimm: Ich sehe sie nämlich nicht, muss sie also ergo nicht anreden. Sie feudelt jeden Freitagmorgen, wenn Kai und ich weniger rückenschädigenden Tätigkeiten nachgehen. Trotzdem stehe ich am Freitag eine Stunde früher auf als sonst: Ich räume nämlich vor und für Wanja auf. Manche Dinge sind mir auch vor einer mir völlig fremden Polin, die ich noch nicht mal auf der Straße erkennen würde, peinlich. Wanja hat die Angewohnheit, meinen Schlafanzug zu falten und unter das Kopfkissen zu legen. Wie im Hotel. Und für manche meiner Schlafmodelle geniere ich mich. Da sind Kombinationen dabei, die ich niemandem zeigen möchte. Eigentlich auch Kai nicht. Aber wenn man zusammenwohnt, sind die Zeiten, in denen Nachthemden-für-gut angelegt wurden, einfach vorbei. Also falte ich freitags meinen ausgeleierten Pyjama selber und stopfe ihn unters Kopfkissen. Ich spüle auch noch eben die Weingläser vom Vorabend. Nicht, dass es heißt, bei uns würde schon werktags unnatürlich viel Alkohol konsumiert. Und natürlich gucke ich, ob die Toilette von Kai auch in einem annehmbaren Zustand verlassen wurde. Flugs räume ich auch noch Zeitschriften vom Tisch, Bücherstapel vom Fußboden und sortiere die CDs ein. Wanja soll schließlich freie Bahn haben, wenn sie mit dem Feudel kommt. Im Flur stelle ich – kurz bevor ich gehe – noch mal eben die Schuhe wieder paarweise zusammen. Wir sind ja schließlich nicht Hempels. So räume ich sonst nur auf, wenn meine Eltern sich ankündigen. Interessant, auf wen man plötzlich einen guten Eindruck machen will. Interessant auch, dass Kai für mich nicht mehr zu dieser Gruppe gehört.

Alltagsgesichter

Wenn nur meine Nachtbekleidung, die ich Kai präsentiere, eher schlicht wäre – wäre das wohl in Ordnung. Meistens nimmt der die schon gar nicht mehr wahr. Normalerweise macht er sofort das Licht aus, nimmt mich in eine Art Schwitzkasten und drückt mir einen Gutenachtkuss irgendwo zwischen Augenbrauen und Haaransatz und ist eingeschlafen. Aber auch bei Tag habe ich meinen Lebens- und Liebespartner mittlerweile schon in unzumutbaren Outfits begrüßt. Zum Beispiel im Schlabberlook. Ich bin ja eher kein sportlicher Typ, aber manchmal siegt das Wissen rund um erschlaffende Körperpartien, und ich übe mich vor dem Fernseher an Sit-ups und Kniebeugen. Meist bin ich danach zu erschöpft, um die Sportkleidung gegen ein eleganteres Outfit zu tauschen. Und meine Sportkleidung ist kein hautenger Lycra-Anzug mit passenden Stulpen. Ich trage auch kein knappes Frotteehöschen mit noch knapperem Bustier. Ich trage ein T-Shirt der Rubrik »für zu Hause noch gut« und eine Jogginghose mit viel Beinfreiheit. Und viel Pofreiheit. Der Schritt hängt dabei nämlich meist auf Kniehöhe. Ich fürchte, wenn ich darin verhüllt und groggy (durchaus auch leicht verschwitzt) auf der Couch liege, bin ich nicht wirklich erotisch. Ich bin der fleischgewordene Satz: »Kein Wunder, dass er sich anderweitig umsieht.« Ich lasse mich einfach gehen und werde bestimmt deswegen irgendwann sitzengelassen. Ich bin befremdet von mir, aber die Zeit, in der man sich für den aktuellen Partner von Grund auf anhübschte, ist einfach vorbei. Leider ist es sogar so, dass Kai schon Zeuge des Vorgangs »Anhübschen« geworden ist. Wenn ich mir zum Beispiel in der Wanne liegend die Beine rasiere. Mit seinem Rasierer (nein, er rasiert sich nicht elektrisch). Mein Liebster ahnt nicht nur, dass ich wohl schon die eine oder andere Krampfader habe. Er hat sie schon gesehen. Er weiß auch, welche farblose Farbe meine Haare annehmen, wenn ich sie länger nicht gefärbt habe. Schlimmer noch: Er weiß auch, wie ich mit Tönungsmousse auf dem Kopf aussehe. Ganz zu Anfang unseres Zusammenlebens habe ich mich für die dreißig Minuten Einwirkzeit im Bad eingeschlossen und verließ selbiges erst wieder frisch gestylt. Heute räume ich in den dreißig Minuten die Spülmaschine aus oder spiele Socken-Memory und suche passende Paare. Niemals würde ich so den Müll runterbringen. Den Matsch-Kopf-Anblick mute ich anderen nicht zu. Dabei frage ich mich: Wie viel Realität hält eine Liebe eigentlich aus?

Auch so eine Schwangerschaft kann dieses Jetzt-ist-alles-egal-Gefühl erzeugen. »Ich musste mir von Martin die Fußnägel schneiden lassen«, hat Sabine einst gejammert. Durch ihren Medizinball-Bauch behindert kam sie selber einfach nicht mehr an ihre Zehen. Das war ihr peinlicher als Martins Anwesenheit bei diversen Ultraschalluntersuchungen und schließlich einer sehr blutigen Entbindung. Dass er ihr bis zum Magen gucken konnte war nicht so tragisch. Für sie wäre es traumatischer gewesen, er hätte bei der Pediküre ihr Hühnerauge entdeckt.

Unsere Beziehungen überdauern mittlerweile Fortsetzungsromane in der Tageszeitung. Wer einen Partner hat, hält ihn fest. Jahrestage werden nicht mehr gefeiert wie der erste Geburtstag nach einer Herztransplantation. Wir haben uns größtenteils paarweise zusammengefunden, und die Angst vor einem einsamen Lebensende ist langsam eingeschlafen. Wir schlafen immer schneller ein, meist vor dem Sex. Kommt es doch mal wieder dazu, fragt man sich erstaunt – wie nach dem Autowaschen: War doch eigentlich ganz schön. Wieso machen wir das eigentlich nicht öfter?

Dass auch für mich endgültig die ungeschönte Erwachsenenzeit angefangen hatte, wusste ich in dem Moment, als sich Kai vor meinen Augen auf der Toilette niederließ, um zu pinkeln. Immerhin, es hätte ja auch noch schlimmer kommen können. Ich warte jetzt auf Popelphase. Noch mehr gruselt es mir nur vor den Momenten, wenn mal wieder Post vom Arzt kommt, die mich an Vorsorgeuntersuchungen erinnern soll. Erwachsener geht es ja kaum.

Zipperlein

Rückblickend erscheint sie mir so unbeschwert, die Zeit als ich aus Angst vor einer ungewollten Schwangerschaft und/oder Pilzinfektion beim Frauenarzt war. Jetzt sitze ich alle sechs Monate in seinem Wartezimmer und plage mich mit so unschönen Vokabeln wie Mammographie und Abstrich. In welchem Ausmaß die Erkrankungswahrscheinlichkeit in meinem Alter steigt, zeigen mir die zahllosen Broschüren, die da en masse ausliegen. Wenn ich Lust habe, kann ich auch versuchen, in einer Gummibrust einen kleinen Knoten zu ertasten. Der Einzige, der das dort wirklich mal versucht hat, war ein Mann. Ich weiß nicht, ob er da auf seine Frau gewartet hat oder nur pervers war. Fast werde ich ein bisschen melancholisch, wenn ich da auf siebzehnjährige Girlies treffe, die immer paarweise auftreten, immer bauchfrei gekleidet sind und pseudo-panisch die Wahrscheinlichkeit einer Schwangerschaft tuschelnd diskutieren. Vielleicht sollte ich Sabine mal fragen, ob sie mit mir zum Frauenarzt geht, um dort mit mir tuschelnd die Möglichkeit einer Gebärmutterzyste zu erörtern. Der Virus des Erwachsenseins hat aber nicht nur meinen Unterleib befallen. Auch mein Zahnarzt nimmt sich jetzt mehr Zeit für mich. Potenzieller Zahnersatz ist einfach lukrativer als eine profane Plombe. Woran mein oraler Verfall liegt, hat mir die Zahnputzfrau erklärt, deren Zähne mich fast schneeblind machen und die mit einem Mini-Kärcher in meinem Mund arbeitet. Ganz schlecht für die Zähne sind nämlich Nikotin, Koffein, Rotwein und Lakritz. Kurz: Spaß macht Plack.

Auch meine Augen lasse ich mir was kosten. Früher gab's da einmal im Jahr eine Bindehautentzündung, weil ich wieder einen fremden Kajalstift ausprobiert hatte. Jetzt sind da Kontaktlinsen (zum Sport), eine Brille für den Alltag und eine Sonnenbrille mit geschliffenen Gläsern. Und natürlich eine Sonnenbrille ohne geschliffene Gläser, wenn ich bei Sonnenschein Sport treibe. Beim Skifahren zum Beispiel. Kann es sein, dass ich mittlerweile mehr Geld für meine Gesundheit als für meine Kleidung ausgebe und auch mehr Zeit dafür investiere? Dann wird es wirklich ernst. Wartezimmer sind bequemer als Umkleidekabinen, außerdem gibt es da was zu lesen. Lieber bin ich da trotzdem nicht. Irgendwie werden die Zipperlein ja auch peinlicher. So klingen immer mehr nach Verfall. Oder fühlt es sich nur dramatischer an? Früher bin ich zum Arzt gegangen, weil die Beschwerden entweder schon unerträglich waren oder ich mich vor Mathe/Physik/Chemie drücken wollte. Jetzt denke ich bei einem dauerhaften Pfeifton im Ohr gleich an Tinnitus. Bei Verstopfung an Darmverschluss und bei Vergesslichkeit an Alzheimer. Allein der Kauf einer Matratze hat mich im vergangenen Jahr mehrere Stunden Beratung gekostet. Vorbei die Zeit, als ich hervorragend auf Luftmatratzen geschlafen habe, die ich aufzupusten zu müde war. Mit besorgtem und fast hypnotischem Blick hat mir der Bettenfachverkäufer den direkten Zusammenhang zwischen der

Waagerechten und der Senkrechten klargemacht. Seine These zusammengefasst: Wer schlecht schläft, schläft bald für sehr, sehr lange. Von ausstrahlenden Schmerzen in alle Körperregionen, von Sauerstoffunterversorgung, Konzentrationsstörungen und Erstickungsanfällen war die Rede. Ich bekam schon Angst davor, mich jemals wieder hinzulegen. Würde ich jemals wieder aufstehen? Aber der Verkäufer kannte auch das Gegenmittel. Eine Schlafkomfort-Schaumstoffmatratze de luxe im Wert meines monatlichen Nettoeinkommens. Ich habe es bezahlt. Natürlich. Die Mahnung »Das sollte Ihnen Ihre Gesundheit wert sein« zieht bei mir einfach. Aus dem Grund kaufe ich auch Vitaminpräparate, die fast das gesamte Abc abdecken. Ich nehme in der Drogerie gleich einen Einkaufswagen. Der Korb reicht nicht mehr. Zum trockenen dreilagigen Toilettenpapier kommt Hakle Feucht. Zur Reinigungsmilch kommen desinfizierende Augen-Make-up-Reinigungstücher. Zu den Teesorten »Glücksgefühle« und »Harmonie pur« gesellt sich »Heumanns Bronchialtee«. Ich habe einfach so einen bellenden Kurzhusten zurzeit. Kurz: Ich nehme Zipperlein ernst. Und unter uns: In den Unterhaltungen mit Freundinnen nimmt das Thema Krankheit immer mehr Raum ein. Wir haben keine Halsschmerzen mehr. Das sind Seitenstrangentzündungen. Wir jammern nicht mehr über eine Zerrung, das ist mindestens ein Kapselanriss. Und Durchfall ist fast nur noch psychosomatisch oder eine Nahrungsmittelunverträglichkeit. Ich könnte über Pilzerkrankungen im Darm aus dem Stegreif ein einstündiges Referat halten (ohne je von diesem Pilz selber aufgesucht worden zu sein). Aber diese Gespräche sind ja nicht das Einzige, was mich dabei bedenklich stimmt.

Sein und mein

Okay, noch sitzen wir nicht mit dem Hut auf der silber-lilanen Dauerwelle im Café. Wir trinken noch nicht koffeinfreien Kaffee nach fünfzehn Uhr, dafür besitzen wir ein eigenes Possessivpronomen. Mein. Von »meinem Mann« ist da die Rede. Und das ist ansteckend. Ich betitel Kai auch schon damit – was ja rein standesamtlich nicht stimmt. Wenn die anderen Männer, wie Martin, plötzlich keinen eigenen Vornamen mehr haben, sondern nur noch diesen Titel, will ich den Kai nicht vorenthalten. Nur mit »meinem Kurzen« kann ich nicht dienen. Ich weiß genau, dass das Kind Carlos heißt. Ich war bei der Taufe dabei. Jetzt ist er nur noch »mein Kleiner«, »meine persönliche Nervensäge« oder eben »mein Kurzer«. Ganz extrem wird es, wenn Anja ihre Kinder fremd betreuen lässt und sich auf ein bis drei Latte macchiato anschließt. Bei ihr ist meist nur die Rede von »meinen«. Vor dem geistigen Auge erscheint bei mir dann eine Horde oder Herde. Wo ist da eigentlich der Unterschied? Manchmal ist auch von »meinem Großen« und »meiner Zicke« die Rede. Ich fürchte manchmal, Anja hat bereits vergessen, wie ihre beiden Kinder mit Vornamen heißen. Und das springt über. Plötzlich spricht Sabine dann von »meinen beiden Männern«. Für mich klingt das wie eine ganz neue Form der Bigamie. Aber wenn Sabine und Anja aufeinandertreffen, kann ich eh gleich abschalten oder ein Gespräch mit dem Garderobenständer beginnen. Dann dreht sich nämlich alles um »meinen Kinderarzt« oder »unseren ersten Zahndurchbruch«. Irgendwann ist wirklich mal der Satz: »Meiner schläft ja jetzt durch«, gefallen. Ich habe versucht mich einzumischen mit »Meiner auch«. (Was stimmt. Kai ist da sehr pflegeleicht.) Die beiden haben mich völlig irritiert angeguckt. Und dann ging es wieder um »meine Tagesmutter« und »unsere nächste U-Untersuchung«.

Wann beginnt das Alter, ab dem plötzlich alles mit besitzergreifenden Vokabeln benannt wird? Wie lange ist es her, dass wir nur frei sein wollten? Jetzt scheinen wir besessen vom Besitzen. Unser Au-pair-Mädchen, unsere Autowerkstatt, unser Bäcker, unser Lieblingsrestaurant. Fürchterlich. Und ich selber tue es auch. »Wir fahren im Sommer wieder an unseren Strand«, habe ich Anja glückselig entgegengesprudelt. Ich kam gerade aus dem Reisebüro, als ich in ihren Kinderwagen samt Trittbrett auf Rollen rannte. »Ihr habt einen eigenen Strand?«, fragte sie völlig verblüfft zurück. »Nee, ich meine den Badeort, an dem wir schon mal waren«, antwortete ich schon gedämpfter. »Wie oft?«, wollte Anja wissen. »Vier Mal«, nuschelte ich in meinen Schal. Natürlich lachte sie sich halbtot. »Ihr fahrt schon jetzt immer an denselben Ort? Dann fahrt ihr bestimmt in drei Jahren überhaupt nicht mehr weg, weil ihr behauptet, im eigenen Bett schliefe man ja doch am besten.«

Gewöhnlicher Urlaub

Jedes Jahr flatterte sie ins Haus, die Postkarte von Oma aus Bad Reichenhall. Auf der Vorderseite war wahlweise das Hotel oder der Kurpark abgebildet. Thematisch ging es immer ums Essen (sehr große Portionen) und ums Wetter (immer schön). Der zweiwöchige Urlaub von Oma – erst mit Opa, später mit der Nachbarin – war eine eigenständige Jahreszeit und Zeitenwende. Wenn Oma überlegte, wann was gewesen sein könnte (der letzte Friseurbesuch, die schlimme Gallenkolik), hatte das entweder vor oder nach Bad Reichenhall stattgefunden. Ich fand das amüsant und lächelte nachsichtig, wenn die Postkarte wieder im Briefkasten lag. Als meine Eltern anfingen, plötzlich jeden Urlaub im Berner Oberland (große Portionen, gutes Wetter) zu verbringen, wurde ich spöttisch. Argumente wie: »Da wissen wir, dass wir es gut antreffen«, belächelte ich arrogant. Ich war jedes Jahr woanders anzutreffen. Griechenland, Italien, Frankreich, Ägypten, auch mal die Nordsee. Und dann kam die Ostsee. Vor drei Jahren waren Kai und ich das erste Mal dort. Im Internet hatten wir ein Mittelding zwischen Campingplatz, Hotelversorgung und Bungalowanlage gefunden. Alles liegt direkt am Meer, wir können surfen lernen, schwimmen, am Strand liegen, am Strand Bier trinken, am Strand Wein trinken. Die nächste größere Stadt ist nicht weit. Die Autofahrt ist nicht zu lang. (Die Zeiten, in denen für mich die Fahrt schon Teil des Urlaubs ist, sind vorbei. Ich stehe einfach nicht mehr so auf den Geruch von gekochten Eiern im Auto.) Wein und warmes Essen sind günstig (ja, ja, große Portionen), und die Menschen nett (ich bin der Christoph, du). Als wir im Jahr danach den Sommerurlaub ins Visier nahmen, kamen wir ins Schwelgen von Strand, Surfen, kurzer Anreise (bla, bla), und schon hatten wir wieder diesen kleinen Bungalow samt Halbpension gebucht. Nur pseudomäßig hatte ich vergangenes Jahr drei Kilo Prospektmaterial von Trekking durch Kanada bis Selbstfindung auf Gomera angeschleppt. Eigentlich wussten wir schon, wo wir wieder landen würden. Wir haben uns ein bisschen geschämt voreinander und uns beide gegenseitig beteuert: »Das hat mich Bequemlichkeit nichts zu tun, erst recht nichts mit der Routine des Erwachsenseins. Das ist einfach unser Geheimtipp, und durch Kanada trekken können wir auch nächstes Jahr noch.« Und wenn ich ehrlich bin, ob in Griechenland, Italien, Türkei oder wo auch immer: Irgendwie waren die Urlaube früher ja auch alle gleich. Die Frühstücksbüffets waren völlig identisch, die Hotelzimmer alle ähnlich eingerichtet, und das Land machte sich nur durch seine eigene Währung bemerkbar. Und das ist ja inzwischen hinfällig. Ich habe nur ein bisschen Angst vor dem Moment, wenn Kai vorschlägt, dass wir uns einen Wohnwagen kaufen könnten, um den in Holland aufzustellen, wo wir dann jedes lange Wochenende und jeden Urlaub abhängen. Im Laufe der Zeit würden wir einen kleinen Zaun aufstellen, einen Vorraum zimmern, Blumen pflanzen, eine Waschmaschine installieren und abends mit den Nachbarn vor deren Fernseher »Wetten dass ...?« gucken. Und ich hätte eine Dose mit selbstgebackenen Keksen dabei, die ich mal eben in unserem Propangas-Backofen eigenhändig erstellt hätte. Nach einem Rezept. Die sammele ich nämlich seit geraumer Zeit. Wie Mama. Hilfe!

Ritsch-ratsch-Rezepte

Ich war völlig irritiert: Als ich vor ein paar Tagen aus dem Drucker im Büro mein neues Konzept für eine Marketingstrategie holen wollte, lag zwischen meinen Grafiken ein Blatt »Herzhafte Kartoffelsuppe«, und zwar aus dem Hause »www.kochen. de«. Dezent legte ich den Ausdruck zurück und beobachtete den Drucker. Keine zwei Minuten später holte sich Sandra, unsere Auszubildende, das Rezept dort ab. Ich war erleichtert. Sandra ist mindestens fünfzehn Jahre jünger als ich und sammelt auch schon Kochrezepte. Als ich das nächste Mal an ihrem Schreibtisch vorbeiging, sagte ich nett und beschwingt: »Schmeckt bestimmt lecker die Suppe.« Sandra zog nur ihre linke Augenbraue hoch und näselte: »Ich esse so eine Hausmannskost nicht, ich sollte das Rezept für meine Mutter ausdrucken.« Poff. Peng. Ich fühlte mich plötzlich so alt. So altbacken. Ich hatte es geahnt. In mir war vor einiger Zeit das Koch-Mutter-Gen erwacht. Es hatte mit einer Packung Ciabatta-Brotmischung angefangen. Ich war es einfach satt, für ein blödes italienisches Brot mit Schein bezahlen zu müssen. Kurzerhand hatte ich Hefe, Brotmischung und Wasser vermischt und hielt zwei Stunden später ein fertiges Brot in den Händen.

Kai war mein Testesser – ohne es zu wissen. Und er hat mich gelobt! Fand das Brot gut, ohne zu wissen, dass das echte Handarbeit gewesen war. Irgendwann habe ich dann angefangen, Rezepte aus Zeitschriften zu reißen. Ob zum Kochen, Backen, Braten: Ritsch, ratsch hatte ich die Anleitung in der Hand. Nein, ich bin noch nicht so weit, dass ich das auch im Wartezimmer meines Hausarztes mache, aber ich sammele sie auch in einem Schnellhefter. Manche Rezepte sind schon eingerissen, und einige sind schon mit Fettflecken übersät. Was fand ich das bei meiner Mutter früher eklig. Richtig fies war ich davor. Und jetzt lasse ich selber den Hefter neben dem Herd liegen, und es ist mir egal, dass es Tropfen von »1/4 Liter Gemüsebrühe« tränken. Dabei ist meine zusammengerissene Rezeptsammlung nur die Spitze des Essensbergs. Im Schrank stapeln sich Zeitschriften-Sonderbeilagen wie »So schmeckt Italien« und »Leichte Küche, leicht gemacht«. Wahrscheinlich sind das schon die Vorboten von »Meine Familie und ich« oder dem Apothekenmagazin. Wie ernst es bereits ist, wurde mir klar, als ich meinen Mund sagen hörte: »Das ist doch schnell gemacht. Nimmst du einfach Möhren und bla und blub, etwas Sahne, alles pürieren und abschmecken, fertig.« Ich hatte wirklich Anja verbal mit einem Rezept konfrontiert. Mir gruselte vor mir selber. Erstens fand ich doch immer Frauen doof, die alle Zutaten mit Mengenangaben auswendig wussten. Und zweitens fand ich das saublöd, weil sich die Anleitung eh keiner merken kann. Es ist also pure Angabe. Im wahrsten Sinne. Und ich selber habe es getan, ohne es zu merken. Anja stellte mich aber noch in den Schatten mit ihrer Antwort. Pürieren würde ihr ja jetzt erst so richtig Spaß machen, seitdem sie die Küchenmaschine XY plus habe. Igittigitt. Ja, und ich bin auch schon die Frau, die mal eben zur Nachbarin rübergeht, wenn was fehlt. Es begann mit einer unbändigen Lust auf Hühnerfrikassee. Natürlich kann ich das nicht selber zubereiten. Das kann man aber als Konserve kaufen. Ich nutzte einen Tag, an dem Kai abends zum Essen verabredet war. Bei Kai wird das Frikassee nämlich seit Generationen mit Salzkartoffeln gegessen. Ein Frevel in meinen Augen. Zu Hühnerfrikassee gehört eindeutig Reis. Die sämige Sauce blubberte schon im Topf, als ich feststellen musste: Kein Reis da! Kurzerhand schellte ich nebenan. Da wohnt nämlich seit kurzem Jule. Und die Möbel, die bei ihrem Einzug durchs Treppenhaus gewuchtet worden waren, fand ich so interessant, dass ich nur zu gerne mal bei Jule reinschauen wollte. Klar habe sie Reis, behauptete sie und tauchte in einer Holzkiste ab. Erst viel später realisierte ich, dass die nicht noch Überbleibsel vom Umzug, sondern Schrankersatz war. Sie drückte mir ein Päckchen in die Hand.

»Das ist Milchreis«, stellte ich fest.

Ihre Augen waren plötzlich so hoch wie breit. »Echt? Das ist ja ein Ding, und ich dachte schon, ich sei zu doof, Reis zu kochen.«

Ich habe ihr dann Zucker und Zimt geliehen und mein Frikassee mit Graubrot gegessen. Was war nur aus uns geworden? Seit wann bin ich eine Frau, die Zutaten wie Zimt, Pesto, Sahne, Zitronensaft, Kapern und auch Vanillinzucker einfach so im Haus hat? Ich könnte einfach so aus dem Stegreif ein paar Bruschettas zaubern. Es ist doch noch gar nicht lange her, da hatte ich nicht mal Butter für aufs Brot im Kühlschrank und habe mit Genuss den Käse ohne Brot und Butter geliebt. Und jetzt mache ich für Kai und mich mal eben Pasta plus Sahnesauce und frisch geriebenen Parmesan, und zwar wirklich ohne Rezept. Ohne Rezept konnte ich vor einiger Zeit nur Kaffee, Tee und Eier kochen. Jetzt weiß ich, dass es Wildreis, Milchreis, Paellareis gibt und was die Ziffern auf dem Ei bedeuten. Nicht, dass ich falsch verstanden werde. Ich stehe nicht permanent in der Küche, hantiere nicht pausenlos mit Pfeffermühle und jongliere nicht mit Hefewürfeln – manchmal mache ich mir auch nur mal eben Schnittchen. Ganz profan. Aber lecker. Manchmal muss Kai sie auch schmieren. Und dann höre ich mich sagen: »Nimm aber bitte einen Teller.«

Große Worte

Ich hatte sofort das Gefühl, dass das eine Scheißidee ist. Nach einem Weihnachtsmarktbesuch mit Kais Kollegen Thomas – und dessen Anhang Susanne – landeten wir in deren trautem Heim. Wir hätten sofort nach Hause fahren sollen. Jeder zu sich nach Hause. Wir hatten fünf bis sieben Glühwein (jeder) intus und mit Eisfüßen das Warme gesucht. Kaum saßen wir am Tisch und kaum froren meine Nylonsocken am Parkett an – wir mussten natürlich im Flur die Schuhe ausziehen –, überkam uns der kleine Hunger. »Ich mache uns eine Kleinigkeit«, hickste Susanne und wankte Richtung Küche. Das Erste, was sie an Kleinigkeit zauberte, waren vier Platz-Sets. Spätestens da wusste ich, es ist nicht nur ernst. Es ist bedenklich. Kaum hatte sie den gesamten Tisch mit allem geflutet, was Küchen- und Kühlschrank hergaben, herrschte Susanne den mittlerweile fast komatösen Thomas an: »Mensch, hol doch mal eben das Käsemesser!« Kai hatte doch tatsächlich angesetzt, ein Stück vom Gouda mit seinem profanen Messer abzuschneiden. Welch Untat. Wie konnte er nur?

Es sind diese kleinen Sätze mit großem Unleidlichkeitsfaktor, die so gemein sind. Was habe ich sie früher gehasst: Putz dir die

Schuhe ab, putz dir den Mund ab, putz dir die Nase! Diese Imperative mit Lustfaktor null. Und jetzt sage ich sie selber. So was wie: »Nimm bitte einen Teller!« Das werfe ich schon automatisch in den Raum, wenn Kai sich der Brötchentüte nähert. Ich kenne mittlerweile auch diese fiesen Rhetorikfragen wie: »Wofür haben wir Glasuntersetzer? Wofür habe ich denn hier Servietten verteilt? Wofür sauge/putze/wische ich hier eigentlich?« Es gibt noch viel mehr vorwurfskreischende Wofür-Fragen: »Wofür haben wir Schlüsselkasten/Schuhregal/Garderobe?« Wenn Kai ehrlich wäre, würde er einfach antworten: »Weil du es unbedingt haben wolltest.« Er ist zu streitunlustig und zu harmoniebedürftig für solche Antworten. Außerdem ist er ja auch nicht ohne. Es war ein grauer Morgen nach irgendeinem langen, blauen Abend davor. Ich hatte mich gegen halb elf aus dem Bett gerollt und wirklich Frühstück gemacht. So gegen halb eins waren wir dann beide in der Verfassung, eine Konversation zu beginnen. Ich dachte noch: Geil. Jetzt beginnt die After-Party-Lästerei (die ja manchmal viel, viel witziger ist als die Party selber). Da höre ich die völlig unmotivierte Frage: »Ist unser Milchkännchen eigentlich kaputt?« Um es kurz zu machen: Es war nicht kaputt. Aber ich hatte angenommen, bei einem Frühstück in ganz kleinem Kreise könne man durchaus auch die Milch in der Tüte auf den Tisch stellen. Kai nörgelte weiter, er fände es einfach ästhetischer, wenn die Milch nicht in Pappe des Weges komme. Sagte es und nahm einen großen Schluck aus der Mineralwasserflasche! Ehe ich mir selber ein Glas einschüttete, wischte ich demonstrativ und angewidert den Hals (der Flasche) ab. Von dem Milchkännchen war nie mehr die Rede. Im Vorwürfemachen bin ich eh gut. Ich muss

nur mitten in einem spannenden Film mit einem halben Seuf-
zer aufstehen und murmeln: »Ich gehe mal eben die Wäsche
aufhängen.« Und schon legt sich eine Falte, tief wie der Andreas-
graben, über Kais Stirn. Das funktioniert natürlich auch mit:
»Ich muss noch den Müll runterbringen.« Oder: »Ich muss
noch die Winterreifen aus dem Keller holen.« Das sind doofe
Sätze und hinterhältige dazu. Was mir mehr Sorgen macht,
sind diese drei Worte, die ich mich immer häufiger sagen höre.
»Räum das weg!« ist auf der Hitliste meines aktiven Wort-
schatzes mittlerweile ganz weit oben. Ich habe den Eindruck,
ich räume nur noch auf und weg und ein und feuere Kai auch
permanent dazu an, irgendwas ein- und auf- und wegzuräu-
men. Damit alles seine Ordnung hat. Das sage ich! Die jahrelang Bücher einfach aufeinandergetürmt hat, weil ein Regal
langweilig war. Die schon ein Bettgestell überflüssig fand und
die Matratze auf dem Boden liegen hatte. Die als einzigen Auf-
bewahrungsort für CDs, Ohrringe, alte Zeitschriften oder was
auch immer Pappkartons akzeptierte. Ich bin zur Wegräumfee
geworden. So als dürfe unsere Wohnung keine Spur von Leben
aufweisen. Ich hechele permanent dem antiseptischen Ambi-
ente eines Wartezimmers hinterher, das ich natürlich nie er-
reiche. Kein Krümel, kein Glasrand hat eine Daseinsberechtigung. Ich frühstücke noch nicht mit dem Tischstaubsauger
(danke, Mama, den habe ich mir so gewünscht) in der Hand,
aber manchmal rupfe ich auch schon Blätter von den Blumen,
ehe die sich in suizidaler Manier auf den Boden stürzen können. Ich greife im wahrsten Sinne vorweg. Ja, ich habe jetzt
Blumen in meinen vier Wänden (von denen es ja in Wirklichkeit schon sechzehn gibt).

Blumen

Die großen bepflanzten Terracottatöpfe auf dem überladenen Balkon sind nur ein Teil der Flora und Fauna unserer Wohnung. Auch drinnen wuchert und grünt es. Im Bad, im Flur, im Wohnzimmer und in der Essecke stehen Blumentöpfe mit den diversesten Verrankungen in Verrenkungen. Ich bin mir ziemlich sicher, dass ich nicht eine der zarten Gewächse selber erworben habe. Die kamen allesamt als Geschenk ins Haus. Wenn Kai mir dann und wann mal einen Strauß Tulpen oder eine Sonnenblume mitbrächte, wäre ich hocherfreut. Aber ich bin schon so weit, dass ich für meinen gesamten Bekanntenkreis in den Bereich »die hat schon alles, die kriegt ein Blümchen« falle. Mit Grausen fällt mir auf, dass ich das früher auch gemacht habe, wenn ich a.) jemanden nicht mochte oder b.) alt fand. Dass andere mich für so profan halten und denken, dass ich mich über eine Chrysantheme oder auch über einen Topf Zierpeperoni freue, ist das eine. Was mir zu denken gibt: In mir wächst der Ehrgeiz, die Geschöpfe am Leben zu halten. Leider wächst bei den Blumen meist nur wenig. Ich habe keinen grünen Daumen, nur schwarze Fingernägel. Mittlerweile bin ich so schlau, dass ich die kleinen Bedienungsanleitungen in den Töpfen lasse. So weiß ich immer, wie das Modell heißt – ich bin da sehr vergesslich –, und vor allem gibt es da Pflegetipps. Das ist bei mir durchaus sinnvoll, habe ich doch schon einen Kunstblumenstrauß in eine Vase gestellt. Stutzig wurde ich erst, als das Kunstwerk auch nach vier Wochen noch in voller Blüte stand. So lange hatte bei mir definitiv noch nie eine Schnittblume durchgehalten. Wer es wissen will: Wasser schadet Kunstblumen nicht, nur die Plastikstile werden etwas labberig. Ich finde in den Betriebsanleitungen nur Angaben wie »mäßig gießen« etwas unkonkret. Heißt das nur alle zwei Tage oder nur alle zwei Wochen? Was genau ist Halbschatten? Tagsüber sonnig, nachts dunkel oder zwei Blätter Sonne, zwei Schatten? Hervorragende Erfolge konnte ich mit Flüssigdünger feiern. Zwei Kappen in jeden Blumentopf, und Kai war kurz davor, uns zwei Macheten zu kaufen. Der Wachstumsschub währte allerdings nur kurz, danach gammelte wieder alles vor sich hin. Besonders traurig fand ich das bei den Zierpeperoni. Die verbreiten doch ganz klar ein anderes Image als Stiefmütterchen oder Vergissmeinnicht (oder heißt das Vergiss-Mein-Nicht?). Auch sie verstarb modernd. Sie ist nämlich ertrunken. Als ich den Topf in den Mülleimer kippte, roch es so, als wäre sie schon vor sehr, sehr langer Zeit ertrunken. Das Alter zu haben, Topfblumen zu besitzen, ist wie erwähnt das eine. Der Wunsch und vor allem das Wissen um deren Erhalt ist das andere. Ich habe den leeren Blumentopf wieder an seinen Platz gestellt und sammle darin jetzt alte Quittungen. Ehrlich gesagt, sammle ich mittlerweile ganz schön viel. Und eigentlich nur Quatsch.

Sammelfieber

Wie in jedem guten Haushalt gibt es auch in unserer Küche eine Krimskrams-Schublade. Da landet alles, was ich glaube irgendwann noch mal brauchen zu können/müssen. Büroklammern zum Beispiel. Das macht ja noch Sinn. Aber ich lagere da auch die kleinen Gummibänder, mit denen Suppengemüse zusammengehalten wird. Wie eine brave Haushälterin werfe ich die nicht weg, sondern horte sie. Wann allerdings braucht man im normalen Alltag ein Gummiband? Meine Haare sind noch nicht mal lang genug für einen Mini-Pferdeschwanz. Ich versuche zu ignorieren, dass ich diese Sammelwut früher im besten Fall nur altbacken fand. Nicht ignorieren kann ich allerdings, dass ich jetzt auch zur Geschenkpapier-Auffalt-Fraktion gehöre. Kaum sind am Heiligabend die Geschenke ausgepackt und die Sektgläser geleert, falte ich das Geschenkpapier vorsichtig zusammen, versuche den Tesafilm spurlos zu entfernen und verstaue die Bögen in einer Schublade. Niemals wird ein Geschenk in einem Secondhand-Papier wie frisch eingepackt aussehen. Da sind Falten, wo keine Ecken sind, da sind Kniffe, wo kein Kniff hin muss, und trotzdem bringe ich es nicht übers Herz, das Papier zu zerknüllen und dem Altpapier zuzuführen. Ich habe schon mal überlegt, das Papier – ehe damit ein Geschenk eingewickelt wird – innen heimlich zu kennzeichnen. Wie lange dauert es wohl, bis es wieder bei mir landet? Ich fände es auch sinnvoll, die Geschenke in Zeitungspapier einzupacken, und zwar in Seiten mit besonders lesenswerten Beiträgen. Aber das wirkt erstens geizig, und zweitens möchte ich nicht, dass sich der oder die von mir Beschenkte mit Druckerschwärze an den Händen womöglich später an meinen weißen Stoffservietten vergreift. Da bin ich echt eigen.

In der besagten Schublade liegt nicht nur Geschenkpapier. Da tummeln sich auch Knöpfe. Mittlerweile kaufe ich Klamotten in einer Kategorie, in der gleich ein Ersatzknopf eingenäht ist. Wenn jemand irgendeinen Knopf aus der Esprit-Kollektion von 2002 braucht – bei mir wird er fündig. Daneben liegen Postkarten. Liebe Grüße vom Bodensee senden Mama und Papa, Kais Eltern haben in Griechenland an uns gedacht, mein Sparkassenberater wünscht mir schöne Weihnachten. Warum verwahre ich das? Will ich meinem Sparkassenberater antworten? Will ich ihm bei einer Kürzung des Dispokredits vorwerfen: Aber damals, 2003, haben Sie mir noch schöne Weihnachten gewünscht? Jule übrigens sammelt auch ihre Post. Und wenn ein Packen zusammen ist, wirft sie ihn in die Mülltonne. Ungeöffnet. Die Post natürlich. Das finde ich cool. Auch ein bisschen doof. Aber hauptsächlich cool. Mit Mitte zwanzig habe ich auch alles, was ich nicht sofort oder innerhalb der nächsten vierundzwanzig Stunden brauchte, der ewigen Verdammnis und dem Müll zugeführt. Jetzt werde ich unsicher: Alles kann irgendwann mal wichtig werden. Deswegen behalte ich es. Alles kann irgendwann auch noch mal nützlich werden. Alte Unterhemden von Kai nehme ich zum Staubwischen, alte Socken zum Schuheputzen. Alte Unterhemden von mir horte ich, weil ich mir einbilde, die vielleicht beim Sport noch mal tragen zu können. (Hatte Jennifer Beals in »Flashdance« nicht auch ein Rippenunterhemd an?) Ich glaube, unsere Wohnung (samt Keller) besteht mittlerweile zu achtzig Prozent aus Erinnerung und materieller Verwesung. Was werde ich wohl mal mit meinen alten Abi-Klausuren anstellen, deren Schrift (grüne Tinte!) in der Untiefe des Schrankes verblasst? Sie dienen nicht zum Angeben, noch nicht mal zum Abschrecken – nur zur Bestätigung, dass ich schon immer eine Zeichensetzungsschwäche hatte. Wen wird das mal interessieren? Noch nicht einmal ich interessiere mich für die Hunderten von archivierten E-Mails in meinem Rechner (Eingang UND Ausgang). Ich bringe es nicht übers Herz, die zu löschen. Von alten SMS trenne ich mich höchstens, wenn der Speicher überläuft. Kurz vorm Überlaufen steht auch meine Steuerschublade. Ich sortiere da Quittungen, Rechnungen, amtliche Mitteilungen – alles, was Zahlen aufweist, erscheint mir würdig genug, nicht im Abfall zu landen. Kurz nach Jahresende stelle ich Kai wortlos diese Schublade auf seinen Schreibtisch, und er weiß, was er zu tun hat. Steuererklärungen sind Männersache. Dafür bekommt er zwanzig Prozent meiner Rückzahlung. Das ist mein Motivationssystem für ihn, sich auch wirklich Mühe zu geben. Kai hat es mit genau demselben Anreiz versucht: Er wollte sich mit zehn Prozent begnügen, wenn ich mindestens drei der sechs Kisten im Bad ausräumen würde. Das hätte bedeutet, dass ich mich von mindestens fünfzig Hotelpröbchen hätte trennen müssen. Die sammle ich nämlich auch. Shampoo, Conditioner, Seife für Männer, Rasiersets, Einwegschlappen, Massagehandschuhe: Ich besitze alles.

Wenn jemand noch eine Brille sucht, die er auch zum Schweißen nutzen kann: kein Problem. Das Modell habe ich Anfang der Siebziger getragen (nicht zum Schweißen, sondern immer!) und ist auch noch vorhanden. Sie liegt direkt neben der John-Lennon-Sommerbrille. Die Gläser sind ungefähr so groß wie Kontaktlinsen, der Bügel ist rot! Kann ich das wegwerfen? Niemals. Das ist meine Historie. Peinlich, aber wahr. Außerdem: Klammern kann sich auch lohnen. Jahrelang hat Kai mich ausgelacht, dass in unserem Keller noch alte Langlaufski von mir standen. Jetzt hat er sich die Stöcke an Land gezogen. Kai geht nämlich jetzt am Stock. Kai walkt!

Gesetzte Fortbewegung – fortgesetzte Bewegung

Als er das erste Mal damit von dannen zog und die Skistöcke mit einem rhythmischen Tock-Tock gleichmäßig in den Asphalt rammte, habe ich noch ein Erinnerungsbild fürs Fotoalbum gemacht, das vor lauter Lachen ganz verwackelt ist. Ich habe keinen schlechten Gag ausgelassen. Ich habe ihn gefragt, wie lange er denn läufig sein wolle, und geäußert, dass ich es bedenklich fände, dass mein Lover jetzt schon am Stock gehen würde. Ich habe »I'm walking« im Badezimmer gesummt und auch »Über sieben Brücken musst du gehen«. Mulmig wurde mir erst, als Kai mich aufforderte, mal mitzukommen. Wenn es so lahm und langweilig sei, hätte ich ja nichts zu befürchten. Ich habe mich drei Wochen am Stück mit Menstruationsbeschwerden drücken können. Dann war ich dran. Ich musste mit, und ich kam nicht weit. Ich war nach zwanzig Minuten total groggy. Ich hatte Seitenstiche vom Zufußgehen! Das habe ich in der Fußgängerzone nach drei Stunden noch nicht, und da gehe ich ohne Stock, dafür aber mit beidseitigem Ballast. Also habe ich Kai wieder alleine ziehen lassen und mich selber

79

auf die Couch verzogen. Ich brauche sein Tock-Tock nicht, ich treibe nämlich schon Sport. Ich mache Yoga. Natürlich habe ich überheblich gegrinst, als mir meine Krankenkasse den Kursus vorschlug. Weil aber Michaela aus der Postzentrale behauptet hat, allein durch Yoga sieben Kilo abgenommen zu haben, war die Neugier in mir geweckt. Ich habe noch nicht abgenommen, nur realisiert, dass meine Beweglichkeit in den letzten Jahren ein wenig gelitten hat. Und obwohl ich da zu bewusstseinsverengenden Klängen vermehrt lediglich mental auf Körperreise gehe, bekomme ich regelmäßig Muskelkater. Vielleicht sind es auch schon Zerrungen. Ich leide aber leise. Wer weiß, womit Kai mich sonst verhöhnte. Auf Reisen treibe ich jetzt übrigens auch Sport. Ich war wandern. Als Sabine mir den Katalog über den Kaffeetisch reichte mit den Worten: »Hast du nicht mal Lust auf ein Wanderwochenende?«, war mir klar: Wir werden nie wieder mit dem Zelt Richtung Süden ausbrechen. Wir werden nicht mehr auf gut Glück und mit Sack und Pack zum Flughafen aufbrechen, um die nächste Last-Minute-Maschine nach wohin-auch-immer zu nehmen. Wir wandern jetzt. Und wir sind weitaus besser ausgerüstet als meine Eltern vor zwanzig Jahren. Ich glaube, mit unserem Outfit sind vor einigen Jahrzehnten noch Himalaja-Expeditionen gestartet. Atmungsaktive Unterwäsche, ergonomisch geformte Rucksäcke, Jacken, die man zur Not wohl auch zu einem Ein-Mann-Zelt umbauen kann, und Thermoskannen, die den nächsten Weltkrieg überstehen werden: Wir hatten alles dabei, als wir für drei Tage über den Rothaarsteig wandelten. Ein paar Mal sind uns Familien entgegengekommen. Forsche Eltern, die frisch und fröhlich vorweggingen und ein paar

Meter dahinter maulende und muffige Jugendliche. »Ihr werdet es mögen. Wartet nur zwanzig Jahre«, habe ich zwei von ihnen zugerufen. Mit ihren Blicken hätten sie den Tee in meiner Kanne zu Eis gefrieren können. Ich habe das aber auch gesagt, um überhaupt mal wieder was zu sagen. Denn oft waren wir – Sabine, ich und die anderen fünf Mitwanderinnen – auch ruhig. Haben rein gar nichts gesagt. Und ehrlich gesagt: Das finde ich immer mehr richtig gut. Ich sage Sätze wie: »Himmlisch, diese Ruhe.«

Ruhe bitte!

Ich habe noch heute diesen Satz meiner Mutter im Ohr: »Kannst Du die Musik BITTE leiser stellen!« Bei manchen Leuten kann man zwischen den Zeilen lesen, bei anderen – wie meiner Mutter – zwischen den Worten hören. Dieses BITTE war eine unausgesprochene angedrohte Körperverletzung. Mein Gott, was fand ich meine Mutter intolerant und unbelastbar. Sie war zu alt für laute Musik und zu jung für Schwerhörigkeit. Dabei hatte ich den Lautstärkeregler meist noch nicht mal am Anschlag. Und jetzt? Jetzt habe ich oft das Radio so leise, dass das Fiepen des Kühlschranks lauter ist. Es ist gerade mal ein paar Jahre her, da liefen im Bad ein Radio, in der Küche noch ein Radio (mit einem anderen Sender), im Wohnzimmer der Fernseher, und ich hing am Telefon. Jetzt stört mich schon im Kaufhaus die Musikberieselung. Und seit wann läuft in allen Restaurants so laute Musik? Von Kneipen mal ganz zu schweigen. In Discos habe ich schon Angst, dass die Wellen der Bassbox meinen Herzschlagrhythmus aus dem Takt bringen könnten. Wenn ich am Nachmittag nach Hause komme, führt der erste Weg meist zur Stereoanlage, um die ohrenbetäubende Musik zu dämpfen, die Kai gerne hört. Natürlich finde ich mich dann doof und unbelastbar und intolerant. Aber das ist mir egal. Hauptsache es ist ruhig bei diesen Selbstbetrachtungen. Auch während Autofahrten passiert es immer häufiger, dass das Radio aus bleibt. Vor nicht allzu langer Zeit war das Radio für mich das wichtigste Bauteil meines Wagens. Es war der Horror meiner Kindheit: Mit meinen Eltern in Urlaub zu fahren und Mama kriegte schon bei Frankfurt, spätestens bei Würzburg, Kopfschmerzen vom Radio. Papa musste auf die Verkehrsdurchsagen verzichten und ich auf die Musik. Was war ich glücklich, als ich endlich zu Weihnachten einen Walkman bekam. Jetzt habe ich Kai einen Kopfhörer für sein Keyboard geschenkt. Nein, er spielt nicht schlecht. Er hat echt ein Gefühl für Rhythmus. Aber mich macht das Spiel auf den Tasten nervös. Außerdem hatten wir die Wohnung seinerzeit auch genommen, weil sie uns vom Makler als »schön ruhig« angepriesen worden war. War es nicht erst gestern, dass ich in einem solchen Fall geantwortet hätte: »Wenn ich es schön ruhig haben will, gehe ich auf den Friedhof.«? Jetzt würde ich am liebsten schon die Polizei alarmieren, wenn der Rotzbengel von unten in stoischer Gleichgültigkeit seinen Lederball gegen das Garagentor semmelt. Und das um die Mittagszeit! Aber kein Wunder bei den Eltern, die hören ja auch bis spät in den Abend Eric Clapton, diesen Altfelgenrocker. Wann habe ich zuletzt eine CD aufgelegt, nur um Musik zu hören? Fällt mir gerade nicht ein. Wahrscheinlich als ich noch auf Konzerte ging, bei denen man stehen musste. In der linken Hand die Flasche Bier, in der rechten Hand eine Zigarette oder die Hand des Liebsten. Wenn ich jetzt auf ein Konzert gehe, ist der Saal bestuhlt, ich trage einen Rock und getrunken wird nur in der Pause und aus der Flasche schon mal gar nicht. Habe ich schon erwähnt, dass ich im Urlaub mittlerweile gerne mal die heimischen Kirchen aufsuche? Diese Ruhe, in der sogar Staub nicht fällt, sondern scheinbar stehend in der Luft flirrt: Herrlich! Wenn ich mit Sabine unterwegs bin, suchen wir uns inzwischen auch gerne einen Ort, an dem man in Ruhe reden kann. Das war doch früher immer scheißegal. Schließlich wollten wir in den seltensten Fällen reden, miteinander schon mal gar nicht. Dann hätten wir ja auch zu Hause bleiben können. Wenn früher jemand »in Ruhe« mit mir reden wollte, wusste ich sofort: Jetzt wird es ernst. Jetzt gibt es Ärger. Jetzt ist Ruhe für mich ein erstrebenswerter Zustand. Einfach mal liegen, die Augen schließen, die Gedanken auf plätschernden Wellen schaukeln lassen. Am allerbesten kann man das natürlich, wenn gerade die Gesichtshaut Feuchtigkeitsmilch trinkt oder der Rücken unter Seesand-Peeling die Farbe einer Blutorange annimmt. Wenn wir also der neuen Wellness frönen.

Wellness

Natürlich wollten wir uns früher auch schon was Gutes tun (und gut aussehen), und dann sind wir unters Solarium gegangen. Für fünf Mark haben wir uns zwanzig Minuten unter der Elektrosonne geräkelt und uns gefragt, was diese weißen Stippen auf der Haut zu bedeuten haben und ob wir wirklich ohne Schutzbrille über kurz oder lang erblinden. Ab und an sind wir auch mal in einem Whirlpool abgetaucht oder haben in der Sauna geschwitzt – zumindest wenn unser Urlaubshotel das im Angebot hatte. Jetzt gehen wir nicht mehr für zehn Minuten in ein finnisches Dampfbad, wir gönnen uns gleich einen ganzen Tag im Saunadorf. Wir lümmeln bei fünfundsiebzig Grad, stöhnen bei fünfundneunzig Grad und ölen in der Solegrotte. Dazwischen jaulen wir unter der kalten Dusche, latschen über den Fußreflexsohlenweg (eiskalte und ordinäre Kieselsteine). Wir lutschen Orangenviertel aus, ruhen unter Wolldecken und wollen gar nicht wissen, wer alles schon darunter geschlummert hat, und zur Feier des Tages gönnen wir uns ein Glas Molke am Gesundbrunnen (nur drei Euro fünfzig für einen halben Liter fiesen Geschmack). Unter der Dusche machen wir natürlich nicht die Haare nass, weil uns plötzlich nach zwanzig

Jahren wieder dieser Satz einfällt: »Geh nicht mit nassen Haaren raus!« Plötzlich glaube ich, dass ich mir dann bei Außentemperaturen unter fünfundzwanzig Grad stehenden Fußes einen Schnupfen, eine Lungenentzündung und eine Mittelohrentzündung zuziehe. Apropos: stehender Fuß. Natürlich tragen wir im gefliesten Bereich Badelatschen. Die Socke wird abgerollt und sofort wird der Fuß auf dem blauen Gummischuh abgelegt. Wir glauben fast, den Fußpilz am Boden rumkriechen zu sehen. Komisch: Ich habe während mancher Urlaube Schuhe nur auf dem Weg vom und zum Flughafen getragen und niemals hat sich auch nur eine einzige Pilzspore zwischen meine Zehen verirrt. Vielleicht waren denen meine Füße zu schmutzig. Heute feile ich ja sogar schon meine Zehennägel.

Außerdem treiben wir Ballsport. Aus den unterschiedlichsten Gründen. Sabine hat sich so einen XXL-Ball während der Schwangerschaft zu- und sich gleich draufgelegt. Das sollte ihren Rücken entspannen und ihre Beckenbodenmuskulatur stärken. Vor ungefähr einem Jahr kannte ich das Wort noch nicht mal, jetzt weiß ich sogar schon, wo dieser Boden danniederliegt. Aber auch völlig unschwangere Frauen stehen plötzlich auf diese Bälle und setzen sich darauf. In unserer Lohnbuchhaltung gibt es gleich drei dieser rollenden Damen, die mir von der Förderung ihrer Lendenwirbelsäulen gerne und ausdauernd berichten. Ein bisschen sieht das Büro nach XXL-Bälleparadies aus. Ich habe dem Trio noch nicht erzählt, dass ich neuerdings eine sogenannte Rückenschule besuche (in meinen Ohren klingt das immer ein bisschen wie letzte Ausfahrt Bandscheibenvorfall, aber das Angebot wird vom Arbeitgeber mit einer Stunde Freizeit pro Woche gesponsert). Schlimm genug, dass mich der sehr straffe und toughe Rückentrainer gefragt hat, seit wann ich keinen Sport mehr treibe. Wieso hat der mich nicht gleich auf Gicht angesprochen? Nein, das darf noch dauern. Aber immerhin ist es schon so weit, dass Sabine und ich uns nächstes Frühjahr gleich einen Drei-Tage-Wellness-Trip gönnen. Und ich freue mich drauf. Vorbei die Zeit, in der ich mir höchstens mal eine Kopfhautmassage beim Friseur oder eine Maniküre bei der Sonnenstudio-Tussi gegönnt habe. Wir werden uns drei Tage bewellnessen lassen. Wir werden uns in Algen und Frischhaltefolie einpacken lassen, den ganzen Körper in Peeling-Seesand wälzen. Unsere gesamte Gesichtshaut wird unter einer Schaummaske zu alter Form zurückfinden, und meine Fußreflexe werden für fünfzehn Minuten (und dreißig Euro) stimuliert. Wir haben schon alles gebucht. Auch den Begrüßungsprosecco, den Gang zum großen Salatbüffet und die sieben Tibeter bei Sonnenaufgang. Das Ganze ist übrigens keine Schönheitsfarm, wie Kai und Martin spöttisch lästern. Wellness ist einfach wie ein Erfrischungsbad für Körper und Seele. Gut, früher reichte mir zum Aufladen der Akkus ein Vollbad mit viel Schaum oder einmal ausschlafen bis mindestens zwölf Uhr. Aber selbst das klappt ja meist nicht mehr.

Früher war es später

Wieso gehe ich jetzt nicht mehr zur Schule? Eigentlich doof. Ich würde es mittlerweile problemlos schaffen, pünktlich um zehn vor acht auf meinem Stuhl zu sitzen. Ich müsste mir keine geistreichen Ausreden wie Stromausfall, Oma tot oder Busfahrerstreik ausdenken. Ich wache nämlich jetzt von alleine morgens auf. Gut, ich bin immer schon irgendwann von alleine aufgewacht, nur zu den obskursten Tageszeiten. Jetzt bin ich um sieben Uhr morgens ansprechbar. Auch samstags und sonntags. Dann drehe ich mich zwar noch mal unter der Decke, manchmal auch in Richtung Kai, aber theoretisch könnte ich aufstehen. Dunkel kann ich mich dran erinnern, dass es Zeiten gab, als es schon lange hell war, ehe ich die Äuglein öffnete. Ausschlafen bis elf, zwölf? Das war mal eine meiner leichtesten Übungen. Wenn ich morgens um sieben, oder spätestens um acht Uhr, was tun müsste wie ein Kind wickeln, säugen oder bespaßen, wäre ich mit diesen neuen Schlafentwicklungen wahrscheinlich ganz zufrieden. Muss ich aber nicht. Auch Kai besteht nicht auf einem Bespaßungsprogramm vor neun Uhr. Stimmt das mit der »senilen Bettflucht«? Und wo und vor allem um welche Uhrzeit soll das enden? Bin ich bald schon morgens um sechs am Frühstückstisch zu finden? (Und esse ich dann wohl auch Schwarzbrot mit grober Leberwurst, was ALLE alten Menschen in ihren Einkaufswagen haben?) Stehe ich irgendwann schon im Morgengrauen in der Tür, um dem Zeitungsboten das Blatt aus den verfrorenen Fingern zu reißen? Rüttele ich bald um neun Uhr fünfzehn an den Türen des Kaufhauses, das offenbar von Langschläfern geleitet wird? Es ist ja nicht so, dass mein Geist so früh aufstehen will, der ist eher kuschelig veranlagt, aber mein Körper ist schnell ausgeruht. Warum nutzen die Zellen nicht die angebotene Zeit, um sich mal wieder richtig zu regenerieren? Warum will mein Körper den ihm angebotenen Schönheitsschlaf nicht? Die eine oder andere Stelle (oben vorne, mittig hinten) hätte ihn durchaus nötig. Aber nicht nur das Fleisch drängt ans Tageslicht, ich habe auch so eine Stimme im Ohr. Eine mahnende, schneidende Stimme, die flüstert: »Du kannst doch nicht den ganzen Tag im Bett liegen.« Seit wann gehen mir solche Sätze durch die Gehörgänge? Seit wann fühle ich die moralische Verpflichtung, die Horizontale zu verlassen? Ich finde das bedenklich ernst. Und da wundert es mich auch schon gar nicht mehr, dass ich den Drang verspüre, mein Bett zu machen. Kaum habe ich es verlassen, schlage ich die Decke auf und richte alles im rechten Winkel aus. Sonst fühle ich mich liederlich. Seltsam, das Wort hatte ich früher noch nicht mal in meinem passiven Wortschatz. Wenn ich übrigens kräftig genug die Bettdecke schwinge und laut genug aufs Kissen haue, kann ich manchmal damit sogar Kai aus den Daunen vertreiben. Und wenn es dann auch noch zufällig gerade Samstag ist, nötige ich ihn, mit mir auf den Markt zu gehen. Dass es wichtig ist, einen Taschenträger an meiner Seite zu haben, zeigt mir die Erfahrung. Ich kaufe mehr, als ich will und als meine erschlaffende Oberarmmuskulatur nach Hause schleppen möchte.

Markt der Möglichkeiten

Sur le marché« hieß ein Kapitel in meinem Französischbuch in der Klasse sieben oder acht. Was haben meine Banknachbarin Manuela und ich uns schlappgelacht über die Bilder. Und zwar nicht nur weil die Wangen von Klein Monique genauso wie die Äpfel gezeichnet waren. Die ganze Lektion war so altbacken, so verstaubt. Klein Monique ging mit Maman über den Markt, und beide kauften ganz frisches Brot (natürlich Baguette) und eben knallrote Äpfel. Dann drückte Maman noch ihre Finger in mir unbekanntes Gemüse und schnatterte mit der Marktfrau über die Problematik Salat und Schnecken. Anschließend wanderte noch ein ganzer Fisch in Zeitungspapier in den Rotkäppchen-Korb, und beide schlenderten zufrieden nach Hause. Manuela und ich schlenderten nach der Schule meist zur Dönerbude oder zu McDonald's. Lange Zeit bin ich dann nicht mehr mit der Herausforderung Markt konfrontiert worden. Wo meine Mutter Obst, Gemüse oder auch Blumenzwiebeln erwarb, war mir egal. Hauptsache, ich musste nicht tragen, putzen, klein schneiden helfen. Als ich endlich im Besitz eines eigenen Kühlschranks war (samt Tiefkühlfach), füllte ich einmal in der Woche einen Einkaufswagen in einem Supermarkt am Wegesrand. Vor einigen Wochen dann hörte ich – von Anja – diesen Satz: »Die habe ich ganz frisch vom Markt gekauft.« Wir hatten ihren Kartoffelsalat gelobt. Der war ohne Mayonnaise und trotzdem lecker. Ich hatte noch einmal »Mmmh, echt lecker« gemurmelt und war mit dem Satz in meinem Kopf nach Hause gegangen: »Habe ich frisch vom Markt.« Das klang einfach gut. So entspannt und einkaufsbewusst, so nach Schlendern und Genießen und nach bewusster Ernährung. Einfach nach »ich will so bleiben, wie ich will« (was bei mir punktuell definitiv nicht der Fall ist). Und trotzdem war ich genau deswegen eine Woche später auch auf dem Markt. Ich habe jetzt Kartoffeln im Schrank, die einen eigenen Namen (Sieglinde) und Muttererde an der Schale haben. Ich habe drei Kilo Weintrauben mit nach Hause gebracht, weil das angeblich ein totales Schnäppchen war. Mein Gemüsefach quoll über von dem grünen Gezumsel, das an Möhren dranhängt, im Brotkorb nahm ein Kanten Dinkelcross eine steinerne Konsistenz an, weil ich überhaupt keine Brotschneidemaschine habe – vermutlich das einzige Küchengerät, das mir noch fehlt –, und schon im Treppenhaus hing ein beißender Knoblauchgeruch, weil da so ein netter Türke war, der mir gefüllte Oliven, getrocknete Tomaten und eingelegten Schafskäse aufschwatzte. Ich hatte ungefähr dreißig Euro auf dem Markt gelassen und fand es herrlich. Ich habe mir direkt auch so einen überdimensionalen Bastkorb samt Lederhenkel gekauft, in die man seine frischen Einkäufe so hübsch drapieren kann. Manchmal drücke ich ganz unmotiviert mal in eine Avocado oder in eine Mango – das sieht so gut aus. Eher selten frage ich kritisch: »Sind die auch frisch?« Was wird die Marktfrau wohl darauf sagen? »Nee, die sind von letzter Woche« oder »Wenn Sie frisches Obst wollen, müssen sie einen Stand weitergehen«. Wohl kaum. Fleisch kaufe ich übrigens nie auf dem Markt. Das kaufe ich wirklich beim Metzger. Neulich habe ich mich sagen hören: »Die Rouladen habe ich bei unserem Metzger gekauft.« Unser Metzger! Ich kenne den Mann gar nicht persönlich. Ich weiß nur, dass das Fleisch da sehr teuer und sehr zart ist. Muss es auch sein, wenn aus Kai kein zahnloser Tiger werden soll.

Bissfest

Ich habe das Knacken auch sofort gehört: Kai und ich saßen auf der Couch, guckten so eine peinliche Show wie »Deutschland sucht den Super-Kuschelrock-Star« und knabberten eine Salz-Fett-Mischung. Zur Feier des Wochenendes hatten wir uns das Rundum-glücklich-Nuss-Paket gegönnt mit Erdnüssen, Cashewkernen und ähnlichen Schweinereien. Und plötzlich macht es Knack. Kai fasste mit Panik in den Pupillen zum Mund, und dann hat er eine Nuss und einen Zahn in der hohlen Hand. Nicht eine kleine Ecke vom Zahn oder nur eine altersschwache Plombe – nein, es war quasi ein gesamter Backenzahn. Zwei Zahnarztbesuche und viel Gejammere später war klar: Mein Lebenspartner bekommt eine Brücke. Mir war schon ein bisschen bang, als ich fragte: »Ist die denn zum rausnehmen oder bleibt die auch nachts in deinem Mund?« Er konnte mich beruhigen. Das blieb uns vorerst erspart. Finanziell wurde Kai nichts erspart. Schlappe tausend Euro musste er für die Restaurierung seiner Kauleiste berappen. Als ich Sabine mein Leid – ob der Ausgaben und des drohenden Gesamtverfalls meines Lovers – klagte, guckte die nur völlig mitleidlos: Martin habe sich schon vor zwei Jahren den gesamten »Sichtbereich« überkronen lassen. »Da war er doch arbeitslos, und das haben wir gleich genutzt. Da ist der Eigenanteil nämlich viel geringer«, klärte sie mich auf. Ich war entgeistert. Von so viel Einfallsreichtum gepaart mit einer gewissen Kaltschnäuzigkeit und davon, dass diese dentale Entwicklung an mir so völlig vorbeigegangen war. Für welche Verblendung sich Kai denn entschieden habe, wollte sie weiter wissen. Keramik sei ja doch das Schönste. Gold nehme man ja eigentlich nur selten. Ich erschauderte. Die Vorstellung, dass bei jedem Lachen von Kai ein Goldzahn aufblitzen könnte, deprimierte mich. Und plötzlich war mein Leben voll von Wurzelbehandlungen, Kariesprophylaxen, Inlays und Amalgambeseitigungen. Keine Ahnung, warum mir das vorher nie so aufgefallen war. Vielleicht ein gesunder Verdrängungsmechanismus. Überall in meinem persönlichen Umfeld wurde plötzlich geschliffen und ausgegraben, verblendet und korrigiert. Ich hörte Horrorgeschichten von Weisheitszähnen, die schief im Kiefer lagen, von Wurzelenden, die gekappt werden mussten, und von der Problematik, wenn das Implantat vom Knochen nicht angenommen wird. Komisch, wie stolz ist man als Kind, wenn die Milchzähne endlich wackeln und die Zahnfee nachts kommen muss? Stundenlang habe ich an einem störrischen Schneidezahn gewackelt, der nicht fallen wollte. Und jetzt? Jetzt klammert Kai sich verbissen – im wahrsten Sinne des Wortes – an die verbliebenen Eigenzähne. Die »Dritten« scheinen wie ein Damoklesschwert über ihm zu hängen. Plötzlich geht auch er zur professionellen Zahnreinigung, wo mit einer Art Sanddusche alles weggestrahlt wird, was nicht in den Mund gehört. Er hat jetzt zwei verschiedene Zahnpastatuben (für morgens und abends) und ein Mundwasser. Neulich habe ich ihm einen Apfel hingehalten und gefragt, ob er ihn so essen könne oder ob ich kleine Viertelchen produzieren sollte. Er hat nicht gelacht. Obwohl er es könnte. Wir haben uns nämlich für eine »Vollverkleidung« über dem Gold-Brücken-Kern entschieden. »Dann hast du endlich auch innere Werte«, hatte ich ihm beruhigend gesagt. Dass ich heimlich auch seine doppelte Zahnpastaprophylaxe samt Mundspülung nutze, sage ich ihm nicht. Natürlich habe auch ich Angst vor dem dentalen Zusammenbruch. Schon jetzt bereue ich zutiefst, dass ich früher so nachlässig meine Zähne geputzt habe. Aber Reue ist wohl auch ein Zustand dieser neuen ernsten Lebensphase.

Reue

Ich bin vor Lachen fast nicht in den Schlaf gekommen, als meine Oma mir seinerzeit prophezeite: »Das wirst du noch bereuen.« Nach unzähligen Quengel-Orgien hatte ich meine Eltern davon überzeugt, dass ich nicht fürs Klavierspiel geschaffen sei. Zwei Jahre lang hatte ich mich einmal wöchentlich zur Musikschule geschleppt, um dort lustlos die falschen Tasten zu treffen. Eine Woche lang habe ich jeden Abend brav, laut und vor allem schief Klavier gespielt, dann hatte ich sie überzeugt. Die Musikschule wurde gestrichen und Jazztanz gebucht. Ich war überglücklich, Oma todtraurig. So stolz war sie doch über mein holpriges »Ihr Kinderlein kommet« im Schatten des Weihnachtsbaumes gewesen. Heute wäre ich stolz, wenn ich wenigstens noch »Es tanzt ein Bi-Ba-Butzemann« klimpern könnte. Denn ich bereue. Wie gerne würde ich mich abends ab und an mal ans Klavier setzen, um mit verträumtem Blick eine kleine Sonate zu intonieren. Ich sehe mich an dem schwarzen Instrument, sehe meine Finger über die glatten Tasten huschen. Je nach Laune kommen in meinen Wunschvorstellungen noch Kerzenleuchter vor. Ich bin ja gar nicht vermessen. Es muss kein Flügel sein. Nur ein schönes schwarzes Klavier, auf dem ich auch mal im Vorbeigehen ein (Kristall-)Glas Rotwein abstelle, um ein fröhliches Lied anzustimmen. Ich weiß, dass es jetzt keinen Sinn mehr hat, erneut mit dem Unterricht zu beginnen. Es ist nicht so, dass die Gelenke schon rheumatisch knacken und die Töne übertönen würden. Aber ich habe jetzt nicht mehr die Ausdauer, um Tonleitern zu üben, und Kai wird nicht die Geduld haben, mir dabei zuzuhören.

Ich könnte mich schwarzärgern, dass ich mich nie ernsthaft sportiv engagiert habe – die Jazztanzphase endete früh und jäh nach einem Streit über die Farbe unserer Tanzanzüge. Die Mehrheit der Mittänzerinnen hatte sich in einer geheimen Wahl tatsächlich für Rosa-Weiß entschieden. Damit war meine tänzerische Karriere vorbei. Meine Eltern haben noch alles versucht: Ich bekam eine Schnupperstunde Tennis, wurde zum Schwimmen animiert und musste ein Wochenende auf einem Ponyhof abhängen. Es hat mich nichts interessiert. Warum haben sie mich nie zum Volleyball genötigt? Das hätte mir schon so manches Mal helfen können. Auf irgendwelchen Freizeiten, an irgendwelchen Stränden kommt doch immer irgendwer – meist ein Lehrer – auf die Idee: Lasst uns Volleyball spielen. Natürlich will ich dann kein Spielverderber sein und habe spontan Mitleid mit meinen Mitspielerinnen. Die müssen dann nämlich feststellen, dass sich meine Baggerfähigkeiten auf soziale Beziehungen beschränken. Wenn ich mich früher mal ein bisschen mehr angestrengt hätte, müsste ich beim Volleyballspiel auch nicht darüber nachdenken, was mein Hintermann wohl über meine Oberschenkel-Hinteransicht denkt.

Und es gibt ja noch viel mehr Chancen in der Jugendzeit, denen ich wehmütig hinterherblicke. Warum bin ich nicht mal ins Ausland gegangen? Meine Eltern hätten mir sofort die Koffer mit Proviant und Taschengeld gefüllt, wenn ich für ein Jahr mal nach England oder Frankreich gegangen wäre. Sie haben mir alle Türen so weit aufgehalten, dass es schon zog. Aber ich war so verträumt, dass ich es wie gesagt meist noch nicht mal pünktlich zur Schule schaffte. Natürlich hätte ich auch während des Studiums mal ein Auslandssemester einlegen können. Oder ich hätte zumindest das Studium mit einem Abschluss krönen können, nicht mit einem Abbruch. Gut, es sind nur noch wenige Jahre, bis ich zum Seniorenstudium zugelassen werde. Aber das reizt mich nicht. Man lässt sich ja mit fünfzig auch nicht mehr tätowieren. Das macht man mit Anfang zwanzig. Ich habe damals schon geahnt, dass ich diese Eidechse auf meinem Fußknöchel irgendwann bereuen werde. Jetzt weiß ich wann. Wenn man sich in ein Cocktailkleid zur ersten offiziellen Cocktailparty gehungert hat und dann Söckchen in den Pumps tragen muss. Ohne diese albernen Söckchen, dafür aber mit einer giftgrünen Echse über den goldenen Pumps, wäre ich mir selber peinlich gewesen.

Peinlichkeiten

Ich kann früher keine Scham gekannt haben. Um das zu überprüfen, muss ich nur an diverse Jugendlieben denken. Wenn ich den einen oder anderen Kandidaten davon zufällig in der Stadt oder im Supermarkt sehe, tauche ich sofort zum Schnürsenkelbinden oder in der Tiefkühltheke ab. Es ist nicht nur so, dass ich diese Erscheinungen jetzt peinlich finde. Es ist mir selber peinlich, dass ich die mal näher als auf Armlänge an mich rangelassen habe. Mir ist es auch peinlich, wenn ich in einem Café oder nur in der Kantine feststelle, dass sich unter meinen Fingernägeln dunkelfarbige Ränder formiert haben. Und überhaupt: Dass ich es nicht schaffe, diese Fingernägel in eine schlanke, eckige Form zu bringen, wie es ALLE Frauen zurzeit haben. Mir ist es auch peinlich, Blumen geschenkt zu bekommen. Ich könnte einen Satz wie: »Ach, ich liebe Azaleen«, sagen. Bedauerlicherweise weiß ich aber gar nicht, wie Azaleen aussehen. Ich kenne Sonnenblumen, Rosen, Gänseblümchen, Tulpen mit Namen. Bei allen anderen Gattungen, die mir überreicht werden, muss ich mich auf ein: »Ach, ich liebe Blumen«, beschränken. Auch meine eingeschränkten kulinarischen Kenntnisse können mich in die Schmach treiben.

Ich musste mich schon mal mit der winzigen Hälfte einer Forelle begnügen, weil ich einfach nicht wusste, wie ich das Vieh wenden und entgräten soll. Ich habe zwischen den Knurrattacken meines Magens beteuert, schon pappsatt zu sein. Früher hätte ich die Hände zur Hilfe genommen oder ein kleines Fischmassaker auf meinem Teller angerichtet, um an die Unterhälfte zu kommen. Wenn ich vor ein paar Jahren nicht gewusst hätte, wie man diesen verheißungsvollen Wein ausspricht, der auf der Karte angepriesen wird, hätte ich mit dem Finger drauf gezeigt. Im Zweifelsfall bestelle ich heute ein stilles Wasser.

Auch bei Konversationen mit Kais Mama falle ich von einem Peinlichkeitsanfall in den nächsten. Gerne spricht sie mit mir über die spätgotischen Kirchen, die sie gerade in Österreich besichtigt hat, oder über die Werke von Monet und Manet, die sie zugleich faszinierend und überinterpretiert findet. Was soll ich dazu sagen? Dazu fällt mir nichts ein. Das war mir früher aber nicht die Spur peinlich, ich habe mich trotzdem zu jedem Thema geäußert. Ich habe mich auch früher nie für mein Outfit geschämt. Jetzt kriege ich schon Angst, bei einer Polizeikontrolle meinen Führerschein zu zeigen, weil ich das Foto so beschämend finde. So drogenkrank, wie ich da in die Kamera starre, sieht selbst in der Verfilmung von »Wir Kinder vom Bahnhof Zoo« niemand aus. Als vor drei Wochen plötzlich ein Heizungsableser vor der Tür stand, war es mir peinlich, dass in unserem Schlafzimmer die Betten noch nicht gemacht waren und im Badezimmer ein Wäscheständer mit Unterwäsche stand. Als würde ein Heizungsableser keine Unterhose tragen und als wären rote Slips obskure Reizwäsche, die man nur im Erotikversandhandel bestellen kann. Ich habe mich sogar schon mal für das Innenleben meines Autos geschämt. Als der TÜV-Prüfer sich auf den Fahrersitz fallen ließ, habe ich tatsächlich gemurmelt: »Ach, aussaugen müsste ich den aber auch mal wieder.« Ich habe keine Ahnung, woher diese Rundum-Scham plötzlich kommt. Ich glaube, ich kann gar nicht so viele Rollen auswendig lernen, wie ich neuerdings spiele. Die berufstätige Frau, die kulturinteressierte Bürgerin, die perfekte Schwiegertochter in spe, die begnadete Köchin, die coole Haushaltsmanagerin, die gebildete Freundin, die stilsichere Lebensgefährtin, das Vorzeige-Frauchen, die witzige Kollegin, die ehrgeizige Mitarbeiterin und die erfahrene Sexbombe. Nicht mehr und nicht weniger will ich sein. Von wegen: Sei einfach du selbst. Das war früher mal. Da wäre ich – ganz ich selbst – auch nie auf eine Party gegangen, die schon nachmittags um vier anfängt.

Partytime

Natürlich hätten Sabine und ich misstrauisch werden müssen, als Yvonne uns zu einer Party einlud. Normalerweise redet die Chefkorrespondentin der Exportabteilung nicht mehr als drei Worte mit uns. Und plötzlich lud sie uns ein. »Party« war nicht das Wort, das sie benutzte. Sie bat uns vielmehr zu einem Drink am kommenden Sonntag um vier Uhr. Ich treffe mich gerne morgens zum Brunch, am Mittag auf eine Pizza, am Abend auf ein Glas Wein oder Bier und immer gerne auf drei bis fünf Tassen Kaffee. Aber einen Drink am Sonntagnachmittag habe ich noch nie jemandem angeboten. Schon gar nicht jemandem, mit dem ich noch nicht mal rede, wenn ich alleine mit ihm im Fahrstuhl fahre. Sabine und ich waren ob der Einladung so perplex, dass wir spontan zusagten. Schon im Treppenhaus hörten wir fröhliches Geschnatter. Erstaunt sahen wir, dass sich auf der Sitzlandschaft von Yvonne schon fünf weitere Kolleginnen lümmelten. Die letzten beiden Stühle (von acht gleichen Stühlen!) waren für uns freigehalten worden. Der Drink entpuppte sich als halbtrockener Sekt, der Umtrunk als Tupperparty. Hätte ich nur im Entferntesten geahnt, was für ein perfides Spiel unsere Chefübersetzerin mit uns spielt, hätte

ich ihr aber die Meinung gesagt. Ahnungslose Bekannte zu einer Verkaufsveranstaltung zu locken, ist nicht besser, als im Familienkreis Versicherungen zu verticken. Der Gruppenzwang ist ein ganz hinterhältiges Mittel, mit dem sich Hausfrauen ihr Taschengeld aufbessern. Wird diese Art der Heimarbeit eigentlich versteuert? Ich war echt wütend, als eine falsche Rothaarige die Überlebensfähigkeit der Behälter anpries. Schnell war ich sicher: Irgendwann wird jegliches Leben von unserem Planeten verbannt sein. Das Einzige, was überlebt, sind Tupperdosen in allen erdenklichen Formen und Größen. Und was es da an Formen und Größen gibt. Wer eine einzelne Weintraube einfrieren möchte, findet das richtige Behältnis. Auch für einen mannshohen Baumkuchen ist die passende Verpackung da. Sabine und ich warfen uns spöttische Blicke zu. »Wie spießig«, dachten wir beide synchron. Bis Sabine fragte: »Kann ich die Töpfe auch bedenkenlos auskochen, oder löst sich dann die oberste Schicht ab?« Die Rothaarige lächelte und bleckte gleichzeitig die Eckzähne. Sie versicherte, dass man alles von Tupper quasi atomisieren könne, ohne dass auch nur eine Mikrofaser freigesetzt würde, die für ein Kind gefährlich werden könnte. Sabine war Feuer und Flamme, ich beleidigt. Ich fühlte mich angewidert von so viel Hausfraulichkeit. Dass ich den kleinen Umtrunk, der nach der vierten Flasche Halbtrockenem irgendwie an Fahrt zunahm, mit einer Salatschleuder verließ, ändert an meiner grundsätzlich ablehnenden Haltung nichts. Solche Partys sind hinterhältig, aber eine Salatschleuder wollte ich schon lange kaufen. Und die machte wirklich einen sehr guten Eindruck.
Wenn die nächste Party wieder ein normales Fest mit Salaten,

Knabberwerk, Bier, Wein und Apfelschorle geworden wäre, hätte ich mich über Tupper-Yvonne vielleicht gar nicht so gewundert. Es wäre ein singulärer Ausrutscher gewesen. Die nächste Party veranstaltete aber die Nachbarin von Sabine. Kaum hatten wir den ersten halblieblichen Sekt runtergewürgt, fingerte sie an überdimensionalen Ohrringen. Die hätte sie neu, lachte sie halb stolz, halb hysterisch. Dazu hätte sie auch gleich zwei Ringe und einen Halsreif gekauft. Das wäre nämlich alles ganz günstig gewesen. Das sei von Kevin Kurz. Wenn wir auch Interesse hätten? Sie habe just die gesamte Kollektion da. Mit einem Ruck zog sie eine Samttischdecke von einem Beistelltisch, und da funkelte und glitzerte es. Ich ging mit winzigen Ohrsteckern und Sodbrennen nach Hause. Als meine eigene Schwester dann auch noch zu einer Dessousparty einlud, wunderte ich mich schon gar nicht mehr. Dass ich dort rein gar nichts erwarb, lag lediglich daran, dass es keine BHs in 85A gab und ich keine Stringtangas tragen kann, weil das bei mir so kitzelt.

Meine eigene Haus-Party-Verkaufs-Karriere kam über die erste Idee nicht hinaus. Obwohl die toll war. Ich hatte mir überlegt, Verkaufsshows für Männer-Underwear zu veranstalten. Für Frauen. Mit Kai und seinen Kumpanen als Models. Schließlich kaufen doch oft die Frauen die Slips und Shorts für ihre Partner. Außerdem sind Frauen auch eher bereit, für diese schöne Verpackung ein paar Euro mehr zu latzen. Kai verweigerte sich. Natürlich könnte ich auch einfach so mal ein paar Frauen einladen. Wir würden zusammensitzen, Kaffee schlürfen, Kuchen mümmeln, am Sekt nippen und einfach quatschen. Ich habe aber Angst, dass eine der Frauen auf mein Service zeigt und fragt: »Also das gefällt mir gar nicht. Ich suche eher was mit Blumendekor – was hast du denn in der Richtung?« Komisch. Ich sitze nicht mehr einfach so mit Freundinnen zusammen. Ich frage mich, über was ich früher stundenlang – erst in meinem Zimmer, später in meiner ersten eigenen Wohnung – mit meinen Freundinnen geredet habe. Irgendwann wurden die Barbies und die Plüschtiere weggepackt, der Kakao wurde gegen Kaffee getauscht und dann wurde gequatscht. Stundenlang und mit wechselnden Besetzungen. Die Themen müssen sich zwangsläufig wiederholt haben. Damit können sie nicht ausgegangen sein. Aber früher habe ich ja auch Bücher zwei- oder dreimal gelesen, wenn ich sie gut fand. Heute fange ich die meisten nur an.

Bücherwelten

Habe ich »Hallo, Mister Gott, hier spricht Anna« viermal oder doch fünfmal gelesen? Auf jeden Fall ist der Einband schon ganz abgegriffen, und es ist kein Taschenbuch. »Der Tod des Märchenprinzen« habe ich aufgesogen. Mit zitternden Fingern habe ich mich anschließend mit dem Geständnis »Ich war der Märchenprinz« ins Bett gelegt. Hera Lind fand ich von Buch zu Buch klischeehafter, gelesen habe ich trotzdem all ihre Werke. Mindestens einmal. Und was habe ich mich über »Der Mann, der's wert ist« gefreut. Schließlich war der Vorgänger »Beim nächsten Mann wird alles anders« einer meiner Favoriten gewesen. Die Seiten sind schon ganz wellig, weil mir das Buch ein paar Mal beim Baden vor Lachen runtergefallen ist. Der Mann danach, war es vielleicht wert. Das Buch nicht so. Wenn ich wissen möchte, wie man aus einer alten, gammeligen Pension ein neues, einladendes Hotel gestalten kann, kaufe ich mir eine Architekturzeitung. Und, im Ernst: Wie oft renoviert man schon ein Hotel? Beim letzten Umzug hat es der Schmöker nicht mehr ganz geschafft. Bei einer Was-brauche-ich-wirklich-noch-Säuberungsaktion musste es dran glauben. Es schlummert jetzt in einer der unausgepackten Kellerkisten.

Dort steht es Buchrücken an Buchrücken mit Schätzen wie »Impotenter Mann fürs Leben gesucht« und »Herrliche Frau sucht männlichen Mann« und »Wo sind all die Helden hin?«. Kann es sein, dass es eine Zeit gibt, die vom Suchen geprägt ist? Jetzt habe ich andere Lektüre im Regal stehen. Jetzt geht es eher ums Finden. Sich selber zum Beispiel. Ich weiß nicht, wo sie herkommen, aber ein Viertel Billy ist voll mit Ratgebern. Ich habe Bücher, die mir helfen, angstfrei zu leben, selbstbewusst aufzutreten, mal nein zu sagen, mich selber nicht zu belügen, dem Schweinehund in mir ins Auge zu sehen oder auch das Kind in mir zu streicheln! Wie kommt so etwas in meinen Besitz? Ich kann mich nicht erinnern, mal in eine Buchhandlung gegangen zu sein und gesagt zu haben: »Guten Tag, ich würde gerne das Kind in mir streicheln, weiß aber gerade nicht, wo es ist.« Ich bin mir sehr, sehr sicher, das nicht formuliert zu haben. Stellt meine Mutter mir so etwas heimlich ins Regal, wenn ich Kaffee koche? Führe ich ein – mir unbekanntes – Doppelleben? Und was tue ich da sonst noch so? Vielleicht liest mein anderes Ich ja die ganzen anderen Ratgeber, die sich nicht mit dem Seelenheil befassen. In den »1000 ganz legalen Steuertricks« oder in »Reich durch aktive Vermögensbildung – Geldanlage für jedermann«. Die hat Kai mal gekauft. Wahrscheinlich von seinen letzten Euros. Er hat nämlich nur die Anlage zum finanziellen Chaos. Woher übrigens das literarische Ausnahmewerk »Gesichtsgymnastik gegen Falten« kommt, weiß ich: Das hat mir eine Freundin geschenkt! Ich habe natürlich sofort gesagt: »Wenn du willst, kannst du es zuerst lesen« und so dabei geguckt, als würde ich ihr das auch ganz dringend raten. Sie wollte aber nicht. Außerdem sammeln sich in unseren Bücherregalen – neben Fotoalben mit den unmöglichsten Frisuren der vergangenen drei Jahrzehnte – Bildbände. Dicke Fotosammlungen über Tibet und auch Schwarz-Weiß-Aufnahmen aus dem Ruhrgebiet der fünfziger Jahre. Für Tibet bin ich verantwortlich. In einem Anfall von Weltenbummler-Schwärmerei habe ich das dicke Dinge mal gekauft, einmal interessiert durchgeblättert und dann ins Regal verdammt. Dort hält es nun den Staub davon ab, auf den Boden zu fallen. Die Ruhrgebietsansichten stammen aus der Weihnachtstombola meiner Firma. (Andere haben wenigstens einen Kuli mit eingebauter Taschenlampe bekommen. Braucht man dringend, wenn man sich im Kino mal kurz was notieren will.) In irgendeinem Ratgeber scheint übrigens auch zu stehen: Frauen in der Findungsphase lesen gerne Biographien. Wer irgendwas über Kathrin Hepburn oder Jodie Foster oder auch Hildegard Knef wissen möchte, wird bei mir fündig. Ach, ich werde so wortreich beschenkt. Übrigens, ich verleihe meine Bücher auch. Auch die Reiseführer, die in Millionenauflagen ihre Insidertipps verraten. Gebe ich gerne her. Denn wirklich zum Lesen komme ich eigentlich nur noch ganz selten. Meine Konzentrationsfähigkeit abends im Bett reicht meistens nur noch, um meinen Wecker zu stellen. Und auch am Wochenende sagen Kai und ich eher selten: »Ach, auf arte läuft nichts Interessantes. Lass uns doch ein gutes Buch lesen.« Auch Musik hören wir nur noch selten. Wir wissen nicht so recht was. Unsere CDs natürlich. Die kennen wir aber zur Genüge. Und was sonst so hörbar wäre, geht an uns vorbei. Ich kenne niemanden aus den aktuellen Charts, weiß noch nicht mal, ob das Heavy-Indie-Grunge oder Trash-Pop ist. Ich habe im Radio schon bei einer Melodie mitgesummt, bis klar wurde, dass das ein Jingle für das Sanitärhandwerk war. Wir hören also viel Radio und haben andere Wochenendangewohnheiten. Wir spielen. Gesellschaftsspiele. Mit anderen Pärchen.

Wir wollen doch nur spielen

Meine ersten Spieleerfahrungen machte ich mit fünf oder sechs Jahren. Damals lernte ich, dass selbst meine eigenen Eltern und Geschwister mir gerne Steine in den Weg legen. Das Ganze nannte sich Malefiz, und ich habe jedes Mal hinterher Heul- und Wutattacken bekommen. Schlimmer fand ich nur Scrabble, bei dem ich mit einem kindlichen Achtzig-Wort-Sprachschatz überhaupt keine Chance hatte. Ich hatte das Gefühl, als potenzielles Opfer geboren zu sein. Kein Wunder, dass ich Spiele hasste. Bis auf Doppelkopf. Das spielten nämlich meine Eltern alle zwei Wochen mit einem befreundeten Ehepaar. Wurde bei uns gezockt, hieß das: Wir bekamen den Elternschlafzimmer-Fernseher ins Kinderzimmer und am nächsten Tag Reste von ganz leckeren Salaten und aufgebackenes Baguette. Spielten meine Eltern außerhäusig, hieß das: Wir guckten Fernsehen im Elternschlafzimmer und krümelten das Bett voll mit den Chips und Flips, die wir noch in jedem Versteck ausfindig gemacht hatten. Aktiv ins Spieleleben stieg ich erst wieder mit vierzehn ein. Mit anderen Vierzehnjährigen und einer Flasche. Nach einiger Zeit brauchten wir die Flasche nicht mehr und übten uns ohne Aufforderung im Dauerbeknutschen. Als Sabine mich zum ersten Mal fragte, ob Kai und ich nicht am Wochenende mit »Therapy« spielen wollten, erschrak ich richtig. Wollte sie auf einen kollektiven Selbstfindungstrip gehen? Wollte sie uns ihr inneres Kind vorstellen? Oder befand sie mich für therapiebedürftig? Sie klärte mich auf, und am Samstagabend saßen wir vier um ein Brett herum und mussten Fragen wie »Nun sage mir, mit wem aus dieser Gruppe möchtest du am liebsten auf einer einsamen Insel sein?« beantworten. Wie ehrlich darf die Antwort wohl sein, wenn der eigene Partner mitspielt? Auch Fragen wie: »Wer ist das charmanteste, organisierteste, tiefgründigste oder spontanste Wesen am Tisch?«, darf immer und ausschließlich nur mit dem Namen des Partners beantwortet werden. Nachdem Sabine, Martin, Kai und ich das dreimal gespielt haben und dreimal immer brav den erwarteten Namen heimlich aufgeschrieben hatten, sind wir auf dickeres Eis ausgewichen. Und so sitzen wir an einem Samstagabend gegen elf Uhr am Esstisch und warten mit einem Entenquaker darauf, dass der Gegenspieler ein verbotenes Wort ausspricht. Oder wir denken uns kichernd eigene Definitionen zu ganz fremden Fremdwörtern aus und hoffen, dass die anderen den Quatsch glauben. (Dabei gewinne ich übrigens meist. Ich war in obskurem und trotzdem glaubwürdigem Ausreden-Ausdenken immer schon Meister.) Aber befremdlich finde ich das doch. Werden wir in weiteren zehn Jahren Patiencen legen? Oder beim »Bingo!« mitfiebern? Oder gibt es in unserer Stadt einen Bridgeclub? Natürlich amüsiere ich mich blendend, wenn Kai ein verbotenes Wort nach dem anderen sagt und ich ihm mit dem Entenrufer unentwegt ins Ohr quake, aber bedenklich finde ich es auch. Wir sitzen da auf Socken (die Gäste) oder mit Hauspuschen (die Gastgeber), im Hintergrund läuft WDR 2 (dann muss man nicht dauernd die alten CDs wechseln), knabbern Blätterteigkäsetaschen, die ich nachmittags erstellt habe, trinken Wein und Bier in größeren Mengen und verleben einen netten Samstagabend. Vor gar nicht allzu langer Zeit waren Samstagabende richtig nett, wenn ich entweder richtig gut oder so gut wie gar nicht angezogen war. Puschen zählten nie zur Spaßausstattung. Bis jetzt.

Weiträumig

Kai schaute fassungslos auf mich runter: »Rechnest du mit einer sekündlichen Gewichtsverdoppelung oder ist der Anzug für uns beide?« Ich lag mit einer recht bequemen Jogginganzughose auf der Couch. Und nach Kais Frage auch mit einem fiesen Gefühl. Er hatte ja irgendwie recht. Wie oft hatten wir uns über Herrn Kowalewski aus dem Dachgeschoss lustig gemacht, der immer und überall einen weiträumigen metallicfarbenen Sportanzug trug. Dass Herr Kowalewski allerhöchstens Denksport betreibt, weiß jeder, der ihn schon mal die Treppe hat hochkeuchen hören. Ich selber habe einst Jogginghosen sogar zum Sport abgelehnt. Wie soll man in einem Kleidungsstück an seiner Form arbeiten, wenn das Outfit nach fünf Minuten jegliche Form verliert? Diese eine Hose hatte ich mal auf einem Turnfest gewonnen – eigentlich haben die alle bekommen, die mitgemacht haben –, und aus unerfindlichen Gründen hat die Hose sämtliche Sondierungs- und Ausmistphasen überlebt. Als ich sie vor einigen Wochen in die Finger bekam, wollte ich einfach nur probieren, ob sie noch passt. Immerhin turne ich seit ungefähr zwanzig Jahren nicht mehr. Sie passte nicht nur, sie war sogar super bequem. Sie war so weit, dass ich mir sofort ganz zart und schmal und federleicht vorbeikam. Tonnenschwer musste ich mich sofort damit auf die Couch fallen lassen, wo Kai mich vorfand wie einen angeschwemmten Meeresbewohner. Gut: Jogginghosen sehen nicht toll aus. Ich habe aber sehr teure, sehr enge Klamotten, in denen ich auch nicht toll aussehe. Von einer Jogginghose allerdings bin ich dabei wenigstens nicht enttäuscht.

Natürlich will ich mich zu Hause nicht gehen lassen. Ich will ja erstens vor Kai noch attraktiv (er)scheinen und auch meinem eigenen Selbstwert nicht dauernd in die Kniekehle treten. Aber muss ich mich abends in einer Stoffhose vor dem Fernseher räkeln, die ich vor weniger als zwölf Stunden schimpfend und dampfend gebügelt habe? Ist es nicht einfach vernünftiger, die Hose nach der Arbeit eben rasch-rasch auf einen Bügel zu hängen und in etwas Bequemes zu schlüpfen? Wie weit ist es jetzt noch zu dem Schritt, dass ich in ärmellosen Kittelschürzen putze, damit ich die guten Klamotten nicht dreckig mache?

Ich glaube, Sabine hat kein einziges Oberteil, auf dem oben rechts nicht ein Milchfleck ist. Ganz am Anfang kam zu dieser ausgespuckten Milch noch ausgelaufene Milch, die rechts und links auf Sabines Nach-Schwangerschafts-Oberteilen unschöne Flecken hinterließen. Wenn ich sie auf ihre auslaufenden Milchquellen hingewiesen habe, hat sie sich sofort umgezogen. Wenn ich sie auf die Spuckflecken hinweise, lächelt sie nur entrückt-verzückt und rubbelt pseudomäßig daran rum. Da komme ich mir komisch vor, wenn ich meine Büroblusen wie rohe Eier behandele und sogar auf dem Bügel zuknöpfe. Und wenn da ein kleiner Fleck sein sollte, ziehe ich nicht mehr wie früher einen Pullunder drüber. Plötzlich komme ich mir schäbig damit vor – mit einem Flecken, den man gar nicht sehen kann. Also behandele ich Blusen mit übermäßigem Respekt. Der Unterschied zu früher ist: Vor einigen Jahren noch hatte ich gar keine Blusen, die man bügeln musste – schon gar nicht welche, die mit reduzierter Hitze gebügelt werden müssen. Früher hatte ich T-Shirts und ein Jeanshemd. Alles war mit kräftigem Ausschlagen und durch ausreichende Körpertemperatur in Form zu bringen. Mag sein, dass ich früher Klamotten getragen habe, die zu eng, zu dünn und meist blasenentzündungsförderlich waren. Aber sie sahen auch nie wie die Jogginghose nach »ich hänge nur mal eben Wäsche auf« aus.

Als Erstes allerdings – noch vor Stoffhose und Bluse – ziehe ich zu Hause die Schuhe aus. Trage ich Absätze, habe ich Angst, das Parkett zu zerstanzen. Trage ich die Winterschuhe, will ich nicht den Dreck aus der Gummisohle zwischen Wohnzimmer, Küche und Schlafzimmer verteilen. Trage ich meine hohen schwarzen Stiefel, freuen sich meine Waden über jede Sekunde, die sie nicht eingeklemmt sind. Kurzum: Ich bin zu einer Pantoffelheldin geworden. Aber ich schlurfe mit Stil: Ich habe mir wunderschöne schwarze Filzschlappen mit roten Herzen drauf gekauft. Der Weg zu Gesundheitsschlappen mit eingebauter Hühneraugenbremse ist hoffentlich noch weit. Oder ist das dann schon der Abstieg? Bin ich jetzt auf der Höhe der Zeit? Oder bestreite ich eine Gratwanderung zwischen jugendlichem Leichtsinn und Altersstarrsinn?

Diskette war mal

Wie ernst es auf diesem Grat werden kann, erfahre ich jeden Samstag. Dann liegt unserer Tageszeitung nämlich ein Reklamefaltblatt eines heimischen Elektromarktes bei. Da ich mir alle Reklameblätter angucke – sogar die von Baumärkten –, blättere ich jeden Samstag auch darin und stelle fest: Meist weiß ich noch nicht mal, was man mit den abgebildeten Geräten überhaupt tun kann. Geschweige denn, ob der Preis dafür günstig ist oder nicht. Ich muss registrieren: Wenn ich nicht ganz, ganz schnell, ganz, ganz altmodisch sein will, muss ich mich verdammt anstrengen. Ich will nicht irgendwann mit einem Wunschzettel meines jüngsten (Paten-)Kindes in der Hand in der Gameboy-Fachabteilung stehen und hilflos nach einem Verkäufer Ausschau halten. Aber wer kann mir erklären, was ein »Highspeed Starter Kit« oder eine »Externe Stereo TV-Karte« ist? Wofür braucht man wohl ein »Wireless Desktop Optical 1000«, und woher kriege ich MP3-Dinger, wenn ich mir einen MP3-Player zulege? Und kann ich es für den Anfang nicht erstmal mit MP2 versuchen? Ist es wohl noch möglich, ein Handy zu kaufen, mit dem man telefonieren kann? Also nur telefonieren, weil mir ein Gerät, das auch noch Fotos und

Filme aufnehmen und Radio (und wahrscheinlich auch MP3s) abspielen kann, nicht geheuer ist? Ich habe irgendwie den Schritt von der Diskette zur CD und zur DVD verpennt und muss das dringend aufholen. Das wird von mir erwartet. Video- und Audiokassette sind passé. Ich muss das lernen, sonst rutsche ich nämlich direkt von dem Stadium »zu wenig Kohle für Unterhaltungselektronik« in die Kategorie »zu wenig Sachverstand für Unterhaltungselektronik«. Allerdings soo unbeleckt bin ich ja gar nicht. Als Sabine neulich bei mir war und wir mal eben bei E-Bay nach Kinderklamotten fahnden wollten, war sie ganz baff. Wo denn das Kabel vom Laptop (tja!) zum Internetanschluss sei, wollte sie wissen. Ich habe ganz arrogant genäselt: »Wir haben doch Wireless LAN. Ihr etwa nicht?« Ganz, ganz kurz war sie brüskiert. Dann hochgradig amüsiert. Wir lernen beide solche Begriffe wie früher Französischvokabeln. Und wie früher in der Schule geht es gar nicht darum, wirklich alles zu verstehen. Diese Worte müssen nur bestimmt und mit einem Gesichtsausdruck, der keine Fragen offenlässt, ausgesprochen werden. Und es gibt so viele solcher Wörter: Natürlich haben wir einen Timer. Einen Kalender also. Kai benutzt sogar einen Palm. Das ist ein ganz kleines Gerät, das er mit einem noch kleineren Stift bearbeitet. So einen Stift hatte ich ganz früher auch mal. Damit konnte man auf eine graue, glatte Fläche Bilder malen, und ratsch-ratsch waren sie wieder verschwunden. Manchmal ist bei Kai auch alles wieder verschwunden – er ist noch nicht so ganz sicher im Umgang mit seiner »Palme«. Sehr gut findet er es übrigens, dass gegenüber ein Kulturverein seine Tore geöffnet hat. »Dieser Non-Profit-Bereich wird immer wichtiger – und schließlich ist das auch für alle Beteiligten eine absolute Win-Win-Situation«, hat er gestern Abend angemerkt. Ich habe mir nichts anmerken lassen. Ich muss unbedingt mal wieder Vokabeln lernen. Außerdem will ich mich in Selbstverteidigung üben. Ich habe festgestellt, dass ich manchmal plötzlich Angst habe.

Furchtbar

Jeder hat mal Angst. Früher war es mal die Angst, versetzt zu werden oder eben nicht versetzt zu werden. Je nachdem. Was mir völlig fremd war, waren Omas Befürchtungen. Wie denn das Kind – also ich im Alter von siebzehn Jahren – nach dem Kino nach Hause kommen werde, wollte sie mal von ihrer Tochter, also meiner Mutter, wissen. Die Antwort: »Mit dem Bus«, entlockte Oma ein entsetztes Tstststs. Was da alles passieren könne, sagte sie in einem Unterton, als wolle sie schon prophylaktisch bei »Bitte, melde dich« anrufen, um einen Sendeplatz für mich zu reservieren. Oma behielt auf der Kaufhaustoilette ihre Handtasche fest umklammert. Sie hatte mal gehört, dass es dreiste Diebe gebe, die nur darauf warten, dass alte Omas ihr Hab und Gut an die Türklinke hängen, um diese dann von draußen runterzudrücken und abzuräumen – während Oma mit dem Mieder in den Kniekehlen hockt. Die alte Frau witterte Tage- und andere Diebe an jeder Straßenecke. Das ist das Vorrecht von älteren Damen. Woher nehme ich plötzlich das Recht, ängstlich von der U-Bahn nach Hause zu marschieren? Ich bin noch nie überfallen oder entführt worden. Noch nicht mal angerempelt. Wenn ich aber spätabends (das beginnt für mich mittlerweile schon nach zweiundzwanzig Uhr) unterwegs bin, meide ich dunkle, einsame Wege. Weil da eben keiner ist außer mir. Und mich keiner hören könnte, wenn ich ein ängstliches »Hilfe« riefe. Aber auch auf beleuchteten Pfaden fühle ich mich nicht wirklich sicher. Wer weiß denn, zu wem diese klackernden Schuhsohlen hinter mir gehören? Also lege ich einen Zahn zu, bis ich fast in einen leichten Trab verfalle. Dabei umklammere ich fest meinen Schlüsselbund, um damit im Zweifelsfall zuhauen zu können. Was – laut Kai – totaler Quatsch sein soll. Dabei würde ich mir allerhöchstens die eigene Hand brechen, meint er. Ich solle mir einfach nicht so viele Sorgen machen, meint er. Will ich ja. Ich will genauso leichtfertig und leichtfüßig durchs Leben stolpern wie früher. Ich möchte bei Glatteis auf dem Bürgersteig wieder schliddern und nicht daran denken, dass ich stürzen und mir einen Oberschenkelhalsbruch zuziehen könnte. (Wobei Oberschenkelhalsbruch in meiner akustischen Phantasie immer einhergeht mit dem Satz: »Davon hat sie sich nie ganz erholt.«) Aber das Tänzeln und Schliddern geht nicht mehr. Dazu liege ich mir manchmal einfach zu schwer im Magen. Mich kann jetzt auch schon ein komisches Geräusch im Auto zutiefst beunruhigen. Früher hat mich nur der Gedanke an eine möglicherweise kostenintensive Reparatur beunruhigt. Jetzt vermute ich gleich, dass mir bei hundertdreißig Stundenkilometern ein Reifen platzt und ich unschön gegen die Leitplanke klatsche. Feuchte Hände kriege ich auch sofort bei: »Guten Abend, das ist eine Führerscheinkontrolle.« Selbst wenn ich weiß, dass ich Fleppe und Fahrzeugpapiere dabeihabe und die letzten vierundzwanzig Stunden keinen Tropfen Alkohol konsumiert habe, werde ich nervös. Ich nehme dann gleich eine latent devote Haltung ein. Dass ich den Schnäuzer am anderen Ende der Taschenlampe nicht mit »Herr Wachtmeister« anrede, ist alles. Ich bin mir plötzlich nicht mehr sicher: Hat der Wagen noch TÜV? Wann war wohl die letzte Abgasuntersuchung fällig? Habe ich ein Erste-Hilfe-Kissen und wenn ja: Wo? Wäre ich in der Lage vorzuführen, wie ich einen Verletzten in die stabile Seitenlage bekomme? Ich spüre, wie hektische Flecken über meinen Hals nach oben streben, und krame schon mal nach meiner Geldbörse. Auch Fernsehberichte können mich mittlerweile verschrecken. Wird im letzten Zipfel Bayerns verdorbenes Fleisch gefunden, bekomme ich schon Anzeichen einer Lebensmittelvergiftung. Wird vor Homebanking gewarnt, sehe ich vor meinem geistigen Auge, wie miese Hacker grinsend mein Konto leerräumen. Ehrlich gesagt, reicht schon die Titelmelodie von »Der 7. Sinn«, um eine Gänsehaut über meine Oberarme zu jagen. Früher wollte ich die Hälfte der Welt. Mindestens. Jetzt bin ich schon ganz froh, wenn alles so bleibt, wie es ist. Ich bin vom Erobern aufs Bewahren verfallen. Ehrlich gesagt, denke ich Sätze wie: »Im eigenen Bett schläft man doch am besten«, und deswegen entrolle ich nachts um drei nicht mehr auf irgendwelchen Partys meine Isomatte, um die mit wem auch immer zu teilen. Stattdessen fahre ich mitten in der Nacht nach Hause, weil es da ja doch am schönsten ist, oder? Okay: Ein bisschen schöner kann man das Zuhause immer noch machen.

Noch schöner

Was war ich stolz auf meinen ersten völlig sinnentleerten selbstgestalteten Gegenstand! Es war ein gewebter Teppich von der Größe eines Briefbogens. Er war Reihe für Reihe von mir höchstpersönlich angefertigt worden auf meinem Schulweb-rahmen im Textilunterricht. Ich habe mit so viel Inbrunst und körperlicher Gewalt das Schiffchen bewegt, dass man den Tep-pich hinterher sogar hinstellen konnte. Er war steif wie ein Brett und zeugte von all den Pullovern, die in den vergangenen zwanzig Jahren von meiner Oma gestrickt worden waren. Sie hatte mir die Wollreste zur Verfügung gestellt, und als Dank bekam sie das steife Stück und legte es voller Stolz auf ihre Enkelin auf ihr Fernsehgerät. Zu meiner Entschuldigung muss ich anmerken, dass ich acht Jahre alt war. Meine Sitznachbarin Manuela hatte es nur zu einem Topflappen gebracht (der war allerdings in sich beweglich). Seitdem war meine Welt frei von Dingen, die ohne Sinn und Funktion sind. Dass mittlerweile die Zeit der schönen Illusion angebrochen ist und mich in mei-ner Selbstwahrnehmung um Jahre altern lässt, zeigte sich letz-ten Samstag. Stolz wies ich Sabine auf unseren neuen Schlüs-selkasten hin. Er ist aus beschlagenem Metall und schimmert matt. Matt sah mich Sabine auch an, als ich sie dem Kasten vorstellte. »So weit ist es also schon mit uns«, seufzte sie. Ich verschränkte die Arme vor der Brust: »Wie weit?« Ich ahnte ja schon, was kam: »Frederieke, in deiner letzten Wohnung hattest du anstelle eines Designerkastens einen Nagel in der Wand. Daran hing dein Schlüssel, und er erfüllte genau die gleiche Funktion wie dieses Ding.« Sie hatte ja recht. Und dieser besagte Nagel stammte noch nicht mal von mir selber. Er war noch vom Vormieter übrig geblieben. Wahrscheinlich hing daran dessen Schlüsselkasten. Der Schlüssel baumelte an dem Stahlstift praktisch und passenderweise direkt über meinen Schuhen. Mein neuer Schlüsselkasten hängt nun über meinem schicken Schuhregal. Und wenn ich von einem matschigen Spaziergang heimkomme, stelle ich meine Schuhe nicht mehr in ihre eigene Pfütze auf die Flurfliesen. Ich stelle sie auf das Schuhregal, unter dem sich dann langsam eine Pfütze bildet. Die Verbesserung habe ich noch nicht ganz erkannt, das Schuhregal wollte ich trotzdem unbedingt haben. Genau wie diese Glasvitrine mit Innenbeleuchtung – als würde ich abends das Wohnzimmer illuminieren, indem ich an der winzigen Schnur für die winzige Birne ziehe. Und ich wollte die Vitrine genauso gerne haben wie den witzigen Teppich fürs Wohnzimmer. Wir haben keine eiskalten Fliesen in unserer guten Stube, wo man einen Teppich gegen die Fußkälte braucht (das Wort kenne ich auch noch nicht so lange). Wir haben schönes Parkett, und trotzdem musste ich unbedingt diesen orange-braunen Teppich haben. Kai hatte noch versucht, mich mit dem Argument: »Wir haben doch extra eine Wohnung mit Parkett und ohne Teppichboden gesucht und genommen. Wieso willst du jetzt einen Teppich darauf legen?«, vom Kauf abzuhalten. Ich antwortete mit dem einleuchtenden Gegenargument: »Weil ich das schön finde.« Das ist der Kern der neuen Situation: Ich finde obskure Dinge schön. Dass ich jetzt Bettwäsche im Zweierpack kaufe, damit unser Schlafgemach einheitlich bemustert ist, kann ich mir noch zugestehen. Ich habe aber auch ein Faible für Dinge entwickelt, die jeglicher Funktion entledigt sind. Ohne Aufgabe von der Geburtsstunde an. Trotzdem will ich sie besitzen. Winzige langstielige Glasvasen, die man mit Seesand und einer (!) Muschel oder auch mit Wasser und einer (!) Schwimmkerze bestücken kann. »Sie können auch eine einzelne Blüte hineindrapieren. Das sieht allerliebst aus«, hatte die Verkäuferin noch vorgeschlagen. Allein der Begriff des Drapierens hätte wie ein Alarmton in meinen Ohren klingeln müssen. Aber bei mir klingelt es bei solchen Wörtern nicht mehr. Neuerdings kaufe ich ja auch Muscheln, die ich dekorativ in der ganzen Wohnung verteile. Die habe ich nicht mehr sonnenverbrannt an irgendwelchen Stränden aufgelesen. Die gibt es säckchenweise bei Ikea. Da gibt es ja auch die praktischen Platzsets. Nach dem Frühstück wische ich jetzt nicht mehr den Tisch ab, jetzt wische ich die Platzsets ab. Wenn »guter« Besuch da war, wische ich nicht die Platzsets ab, sondern werfe die Tischdecke in die Waschmaschine und hoffe, dass die Rotweinflecken bei vierzig Grad rausgehen. Gut, wenn die schönen Dinge wirklich einfach nur schön wären – damit könnte ich leben. Manche sind aber schön und störend. Wie die bunten Glasherzen, die vor dem Wohnzimmerfenster baumeln – wenn das Fenster geschlossen ist. Kippe ich das Fenster, stoßen die Herzen an das Glas und kratzen. Mich juckt das ja gar nicht. Kai fürchtet aber, der Vermieter könnte was dagegen haben, dass das Fensterglas so angekratzt wird. Wahrscheinlich würde er mir auch keine Verschönerung mit Window-Colour erlauben. Aber danach steht mir (noch) gar nicht der Sinn. Denn wie das ein ganzes Zimmer entstellen kann, sehe ich bei Sabine. Carlos hat da mittlerweile gänzlich die Innenausstattung übernommen. Dadurch ist Sabine schon wieder aus der Phase »ich möchte es nur schön haben« heraus. Sie ist schon froh, wenn es am Abend in ihrem Heim nicht mehr nach verwahrloster Kindertagesstätte aussieht. Ich bin mittendrin in der Verschönerungsära. Und deshalb habe ich nach Weihnachten die Christbaumkugeln nicht in der düsteren Versenkung im Keller verschwinden lassen, sondern sie in ein hohes Glasgefäß gebettet, in dem sie jetzt den Flur optisch bereichern. Mit welcher Berechtigung dieser Glastopf in unseren Haushalt gekommen ist, weiß ich gar nicht mehr. Und: Ja, wir hatten erstmals einen Weihnachtsbaum. Und zwar so, wie ich den Dönerkebap liebe: Mit allem!

Traditionen

Carlos' Augen weiteten sich erst auf eine erschreckende Größe, dann füllten sie sich randvoll mit Salzwasser, und schließlich folgte ein fürchterliches Gebrüll. Und das nur, weil ich zu ihm und Sabine gesagt hatte: »Von außen hangelt sich ein riesiger Einbrecher an eurem Balkon herauf. Schnell, wir müssen die Polizei rufen!« Sabines Augen weiteten sich zunächst auch, dann mutierten sie zu schmalen Schlitzen. »Sehr witzig«, war ihr Kommentar, ehe sie den heulenden Carlos beruhigte. Er hatte meinen kleinen Scherz über die Weihnachtsmann-Außendekoration nicht ganz verstanden. Ich verstehe Sabine nicht. Wieso gehört sie jetzt zu den Menschen, die ihr Heim von außen weihnachtlich-kitschig verkleiden? Wieso ist sie bereit, im Dezember so viel für Strom auszugeben wie sonst im ganzen Jahr? Wieso überhaupt hängen sich Menschen draußen Deko ans Haus. Das sieht man selber doch nicht. In den wenigen Sekunden, in denen man vom Auto zur Haustür unterwegs ist, ist man doch meist mit Einkaufstaschen beschäftigt. Außerdem ist der Advent traditionell im Winter, im Winter ist es traditionell kalt, und man hat eher wenig Lust, staunend und gerührt vor der eigenen Fassade zu verweilen. Dass ihre Wohnung innen von Adventsschmuck überquillt, mag ich noch einsehen. Sie hat ja ein Kind. Und angesichts der Kerzen und der Figuren und der Engel und der Krippe und der bemalten Tannenzapfen leuchten die Kinderaugen bestimmt sehr. Auch wenn sich vielleicht nur die Birnen der Lichterkette darin widerspiegeln. Leider muss ich zugeben, dass ich selber auch den Traditionen langsam, aber stetig verfalle. Ganz kinderlos. In den vergangenen Jahren fand ich es noch witzig, eine Lichterkette in unseren Ficus zu hängen und zu sagen: »Das reicht an Adventsschmuck.« Im ersten Jahr unseres gemeinsamen Wohnens haben Kai und ich sogar einen Tannenbaum aus Pappe ausgeschnitten, den mit einem Filzstift grün angemalt und an die Wand gelehnt. Das reicht mir nicht mehr. Im vergangenen Jahr wollte ich meinen ersten eigenen richtigen nadelnden Weihnachtsbaum. Und wie es die Tradition will, habe ich Kai in die Natur gejagt und hinterhergemeckert, mit welch kargem und schiefem Stück er zurückkam. Als die Fichte dann mit Strohsternen und Filzherzen und der besagten Lichterkette geschmückt war, war ich schon ein bisschen ergriffen. Und es war mir auch ganz egal, dass schon die Hälfte der Nadeln am sechsundzwanzigsten Dezember auf dem Parkett lag. Plötzlich mag ich solche bewährten Gepflogenheiten. Mir war es noch nicht mal zu blöd, bei meinen Eltern nach deren ausrangiertem Christbaumständer zu fragen. Die wilden Jahre sind einfach vorbei. Wir können aufeinandertreffen, ohne dass nach zehn Minuten Türen (Wohnzimmer oder Auto) knallen. Wir begegnen uns auf Augenhöhe. Im wahrsten Sinne. Ich glaube, meine Eltern sind geschrumpft. Früher war mein Vater ein großer stattlicher Mann. Jetzt ist er nur noch wenige Zentimeter höher als ich. Ich würde ja gerne glauben, dass ich in den vergangenen Jahren noch ein bisschen gewachsen bin. Meine Jeanslänge weiß es besser. Vielleicht wirkt mein Vater auch einfach nur kleiner, weil er sich nicht mehr so über mich aufregen muss. Über versemmelte Mathearbeiten oder Kotflügel. Wir gehen wie vernünftige Menschen miteinander um. Das ist ein bisschen neu. Neu ist seit vergangenem Jahr auch, dass ich zu Ostern Eier selber färbe. Nicht wie früher, als ich mit Buntstiften wirre Zeichen auf der Schale hinterließ. Nein, ich färbe sie in einem Chemie-Essig-Bad, male mit glitschigen Stiften lustige Symbole drauf, und hinterher reibe ich sie mit Speck ein, damit sie auch schön glänzen. Meine Hände und die gesamte Küchenarbeitsfläche sehen danach wie »wilder Expressionismus« aus, aber das Ergebnis rechtfertigt das. Es scheint so, als hätte ich mich ergeben. Als sei mir die Kraft für dieses ganze Rebellentum ausgegangen. Und so habe ich auch gar nicht gemuckt, als Kais Mutter zum Osterbrunch samt Eiersuche im heimischen Garten einlud. Im Gegenteil, ich fand es sogar nett. Ich habe selbstgebackenen Hefezopf mit ganz dick Butter gegessen, Eier in gerührter und gekochter Form, einen Schokoosterhasen verspeist und mich hinterher mit einem geflochtenen Weidenkorb samt Grasnest zwecks Suche in den Garten aufgemacht. Ich kam mir nicht die Bohne albern dabei vor. Wenn ich nur plötzlich angestammte Traditionen aktiv übernehmen würde, wäre ich vielleicht gar nicht so verwundert. Was mir den Ernst der Lage und des Lebens vor Augen führt: Kai und ich entwickeln schon unsere eigenen Traditionen. Wer wo am Tisch sitzt zum Beispiel. Ich halte mich ja eigentlich noch für flexibel, aber ich würde mich nie auf die rechte Seite des Esstisches setzen. Nicht, wenn ich allein esse oder wenn Gäste da sind. Das ist Kais Platz. Ich käme mir da völlig fremd vor. Auch ist vor dem Fernseher klar: Ich lümmele mich auf der Couch, er räkelt sich im Sessel. Als Kai sich vor einigen Monaten den Fuß verstaucht und somit die Berechtigung für die Couch erworben hatte, kam ich mir vertrieben vor. Ich wusste nicht so recht, wohin mit mir. Ich habe mich dann auf den Boden vor die Couch gesetzt. Am nächsten Abend habe ich ihm einen kleinen Hocker vor seinen Sessel gestellt, auf den er den kaputten Fuß betten konnte. Er hat nur kurz gegrinst. Wir sind schon ein eingespieltes Team.

Eingespielt oder eingefahren?

Sind Kai und ich mit dem Auto unterwegs, fährt Kai. Auch dann, wenn wir mit meinem Wagen fahren. Kai gehört natürlich nicht zu der Sorte Mann, die einer Frau süffisant lächelnd den Autoschlüssel mit den Worten »Das ist Männersache« wegnimmt. Vielmehr bin ich es, die ihn dazu drängt, sich hinter das Lenkrad zu setzen. Ich habe meist keine Lust, selber zu fahren. Und so sitze ich in meinem Auto auf dem Beifahrersitz und fühle mich komisch. Dass ich es bin, die im Falle eines Falles nach dem Weg fragen muss, ist ja eh klar. Es gibt unglaublich viele Dinge, die sich im Laufe der Zeit so eingespielt haben. Kai ist zum Beispiel für die kalten Getränke zuständig. Muss Sprudel eingekauft oder aus dem Keller geholt werden, ist es seine Aufgabe. Für die nahtlose Versorgung mit Kaffee bin ich zuständig. Das haben wir nicht mündlich oder gar schriftlich geregelt. Das hat sich so ergeben. Auch, dass ich morgens den Frühstückstisch mit einem Kaffeebecher und einer Tasse samt Untertasse decke. Mein Liebster trinkt nicht gerne aus Bechern. Die Begründung, er trinke so langsam und somit werde der Kaffee kalt, ist meiner Vermutung nach nur vorgeschoben. Er fühlt sich einfach weltmännischer mit einer richtigen Tasse. Neben der Butter (für ihn) steht dann die Lätta (für mich). Damit auch das immer vorrätig ist, schreibe ich Einkaufszettel. Für die »Abarbeitung« des Zettels im Supermarkt wiederum ist Kai zuständig. Der macht das ganz akribisch. Ich bin eher für die Abteilung »was können wir sonst noch so gebrauchen?« zuständig. In meinen Bereich fiel auch mal das Schieben des Einkaufswagens. Leider hatte Kai die Angewohnheit, immer noch eine Hand mit an den Wagen zu legen. Das machte mich kirre. Jetzt schiebt er, und zwar alleine. Bewährt hat sich auch: Er schiebt zum Auto, lädt alles ein – weil nur er die Einkäufe richtig in die Plastikbox sortieren kann –, und ich darf dann den leeren Wagen wieder in sein Häuschen schieben, um den Euro dann brav in den (ansonsten ungenutzten) Aschenbecher von Kais Auto zu legen. Das sind routinierte Abläufe. Wir müssen da gar nicht drüber reden. Das nimmt uns natürlich auch Themen, und so existieren wir oft in stiller Eintracht. Schlimmer noch: Mittlerweile antworte ich auf Fragen, die Kai gar nicht gestellt hat. Ein suchender Blick von ihm reicht, und schon sage ich: »Auf der Kommode im Schlafzimmer.« Ich weiß einfach, wie er guckt, wenn er mal wieder sein Portemonnaie sucht. Ich hatte immer gedacht, diese wortlose Koexistenz gebe es nur bei Paaren, die schon sehr, sehr lange zusammen sind – so ab der Diamanthochzeit. Jetzt registriere ich diesen Zustand schon bei uns. Und ich muss auch feststellen, dass wir unsere Arbeitsabläufe nach außen und innen aufgeteilt haben. Die Küche gehört – leider – mir. Kai könnte die Tür nicht mehr zubekommen, weil sich mannshoch Stapel von Altpapier türmen. Er würde es nicht sehen und die Tür eben offen stehen lassen. Stelle ich die Kiste mit alten Zeitungen wortlos neben die Wohnungstür, bringt er sie weg, und zwar ohne zu murren und zu knurren. Ihn in der Küche einzusetzen, hat keinen Sinn. Ein einziges Mal habe ich ihn zum Spülen gezwungen und angemerkt: »Geh auch noch bitte über den Herd.« Er hat mich mit riesigen Augen angesehen und gefragt: »Mit den schmutzigen Schuhen?« Er will mich einfach nicht verstehen. Sind wir aber länger mit dem Auto unterwegs, macht er ganz selbstverständlich beim Tankstopp auch noch die Windschutzscheibe (von außen) sauber. Meine Aufgabe ist es, den Innenraum von Müll wie leeren Haribotüten, Butterbrotpapier und Bonbonpapier zu entsorgen. Als hätte ich noch das Ich-will-die-Höhle-sauberhalten-Gen in mir. Und als wollte Kai sein Werkzeug reinigen. Auch wurde uns Frauen in den letzten zweitausend Jahren nicht die Verantwortung für gute Stimmung am Lagerfeuer übertragen. Wir möchten keinen Streit, und deswegen sind wir nett. Das nutzen Männer schamlos aus. Ich habe miterlebt, wie Martin Sabine das Telefon mit den Worten »Hier, meine Mutter« überreichte und sich wieder in die ADAC-Motorwelt vertiefte. Martins Mutter hatte nur auf die Schnelle noch siebzehn gute Ratschläge rund um die Erziehungsarbeit an Carlos. Sabine hörte sich das brav an. Kann man es Frauen also verübeln, wenn sie dem klingelnden Telefon »Ich bin nicht da. Es ist keiner zu Hause.« versichern?

Ausreden und Einreden

Hach, was war es einfach: Es gab Zeiten, da durften wir einfach sagen: »Ich komme nicht auf deinen Geburtstag. Du bist doof.« Wenn die beste Freundin sich in der großen Pause mit einem anderen Mädchen unterhalten hatte, wenn sie sich die gleiche Disco-Barbie gekauft hatte oder plötzlich nicht mehr mit Tierdoktor spielen wollte, teilte man ihr einfach mit, dass sie eine dumme Kuh sei, und ging ihr aus dem Weg. Manchmal für zwei große Pausen lang, manchmal sogar für die quälende Dauer eines Nachmittags. Dann folgte eine lautstarke Aussprache, und man einigte sich darauf, dass abwechselnd immer nur eine die Disco-Barbie ausführen durfte. Das war die Zeit der ehrlichen Ansprachen und der ehrlichen Aussprache. Auch vor nicht allzu langer Zeit konnte ich meiner besten Freundin durchaus mitteilen: »Ich komme nicht auf dein Geburtstagsfest, ich habe Depressionen/einen Kater/einen neuen Lover im Bett.« Das war für die Freundin dann doof, aber es war ehrlich. Unpünktlichkeit in der Schule wurde – nach einer Phase der findigen Ausreden – schlicht erläutert mit: »Hab verpennt.« Unpünktlichkeit im Freundinnenkreis einfach mit: »Ich wusste nicht, was ich anziehen soll.« Punkt. Jetzt reden wir uns wieder ein, dass wir uns bessere Ausreden ausdenken sollten. Nette Verpackungen für unschöne Inhalte. Für ein Nichterscheinen auf dem Geburtstagskaffee muss mindestens eine Blasenentzündung her. Fiktiv, versteht sich. Besser noch eine Viruserkrankung, die den gesamten Magen, Dünn- und Dickdarm fest im Griff hat. Für fünfminütiges Zuspätkommen erfinden wir einen Stau: »Ja, ja, der Feierabendverkehr.« Für eine Verspätung jenseits der akademischen Viertelstunde muss schon eine Massenkarambolage mit Vollsperrung herhalten. Wie oft habe ich dagegen von Sabine schon gehört: »Wir wollten gerade gehen, da hat Carlos sich von oben bis unten vollgemacht.« Ich glaube, der Junge hat sowas wie einen Pawlowschen Reflex. Kaum sieht er die Wohnungstür, kommt seine Verdauung in Gang. Erstaunlich auch, dass es der Telefonindustrie noch immer nicht gelungen ist, leistungsfähige Akkus zu fabrizieren. Der Satz: »Mein Akku war leer«, gehört zur Handyära wie: »Wo bist du gerade?« Was waren es herrliche Zeiten, als man einfach sagen konnte: »Ich habe das Telefon nicht gehört.« Das hilft nicht mehr. Handydisplay oder Mailbox sind mahnende Erinnerungen. Außer eben der Akku und so. Es ist schon so ernst, dass wir Lügen mit Höflichkeit verwechseln. Nett und höflich habe ich vor zwei Jahren unserer Nachbarin versichert, ihr Frankfurter Kranz sei ein Gedicht. Und gar nicht so schwer wie der gemeine Frankfurter Kranz ja sonst durchaus oft sei. Sie hatte uns mit Kuchenresten ihres fünfundsechzigsten Geburtstags beglückt. Seitdem steht ungefähr alle sechs Wochen ein Teller mit drei Stücken vor unserer Tür. Das Ganze schmeckt, als habe sie ein Pfund Butter in Krokant gewälzt. Wieso habe ich nicht von Anfang an gesagt: »Ich esse kein Stück Kuchen, das den Kalorienbedarf einer ganzen

Woche abdeckt.« Das hätte mir nämlich ein Entsorgungsproblem erspart. Schmeiße ich den Kuchen ins Klo, kriegt das Wasser Fettaugen. Selbst für ein Klo ist das fies. Schmeiße ich den Kuchen in den Müll, muss ich ihn einpacken. Nicht, dass die Nachbarin ihn so in der Tonne entdeckt. Es ist, als hätte ich plötzlich einen Reflex entwickelt, allen Menschen ein gutes Gefühl zu geben. Vor einiger Zeit noch hatte ich genug damit zu tun, mir selber ein gutes Gefühl zu geben. Meine Mitmenschen waren mir dabei schlicht egal. Stöhnt Sabine jetzt, dass sie die ganze Nacht am Bett des fiebernden Carlos gesessen hat, versichere ich ihr, dass man das gar nicht sehe. Dabei erinnert mich Sabine an einen müden Koalabär mit riesigen Ringen um die Augen. Quengelt meine Schreibtischnachbarin, dass dieser Pickel sie in die Verzweiflung stürze, frage ich erstaunt: »Was denn für ein Pickel?«, obwohl ich mich schon die ganze Zeit bemühe, ihn nicht wie ein drittes Auge anzustarren. Werde ich um die Einschätzung eines Lebensalters gefragt, ziehe ich spontan fünf Jahre ab. Finde ich den Fragenden nett, ziehe ich sieben ab. (Und manchmal liege ich damit dann sogar richtig.) Mit der eigenen Jahreszahl wächst auch diplomatisches Geschick. Hätte mich Mona vor vier Jahren nach meiner Meinung zu ihrer neuen Steghose gefragt, hätte ich ihr – sie ist ja meine Freundin – gesagt: »Du kannst alles tragen, was unterhalb der Taille weit und wallend ist. Steghosen gehören nicht dazu. Die tragen auf. Und zwar den Verlauf des Slips und die Oberflächenbeschaffenheit der Haut.« Gestern sagte ich nur: »Die sind wieder modern, oder? Ja, ja, es kommt alles wieder. Aber Schwarz ist ja immer eine gute Farbe.« Immerhin habe ich mir angesichts des H&M-Etiketts den Satz: »Die war bestimmt teuer«, verkniffen.

Dick aufgetragen

Dass Unterwäsche auftragen kann, wusste ich damals – zu dem Zeitpunkt, als das Zeug eben noch Unterwäsche hieß – überhaupt nicht. Jetzt ist das »Underwear« oder schimpft sich »Dessous«. Es gibt die Slips nicht mehr im Dreierpack. Und jedes Teilchen hängt auf einem eigenen Bügel. Sogar die Strings. Ich habe es wirklich probiert: Ich kann die nicht tragen. Mona hat mir versichert, dass man sich an das Gefühl gewöhne. Das konnte mich nicht überzeugen: Man gewöhnt sich vielleicht an Kapern in der Sauce von Königsberger Klopsen. Aber nicht an ein Dauerkitzeln unterhalb der Sitzfläche. Ich will einfach keinen Slip tragen, der zu fünfzig Prozent in irgendwelchen Körperfalten verschwindet. Ich glaube nämlich, dass dadurch genau diese Falten betont werden. Ich möchte einen Slip, der mir steht, weil er sitzt und anliegt. Irgendwann vergesse ich dann auch, dass er Bauchwegslip heißt. (Ich habe mich schon mal gefragt, ob es auch einen Arschabslip gibt. Den würde ich auch kaufen.) Natürlich achte ich darauf, dass mein Slip nach außen nicht aufträgt. Dass kein Stoff eng genug an meiner Haut klebt, als dass Nähte (oder gar Dellen) außen zu ahnen sind. Vielleicht haben wir aber auch eine solche Aversion gegen das Auftragen entwickelt, weil es uns an ganz, ganz früher erinnert. An Anoraks, Hosen oder Tornister von älteren Geschwistern. Auch wenn sie uns passten, passten sie nicht mehr in die Zeit. Heute wollen wir nicht nur auf der Höhe sein, sondern auch auf der Höhe der Zeit. Gestern ist ewig her. Alles muss neu sein. Allein der Geruch aus Secondhandläden – diese Mischung aus Motten, Mottenpulver und Patschuli – konnte mich früher in einen Rausch versetzen. Jetzt finde ich schlicht: Es stinkt. Wir kaufen nicht mehr gebraucht. Schlimm genug, dass wir selber schon nicht mehr ganz neu sind. Da muss doch wenigstens das Auto noch nach Fabrik riechen, noch ein Etikett an der neuen Bluse baumeln. Sabine rechtfertigt ihre Besuche in Baby-Secondhandläden stets mit einem: »Dann ist die Chemie schon rausgewaschen.« Ich will die Chemie. Ich will das ganze Programm und werde nicht müde, unserem gesamten Freundeskreis zu versichern, dass die nigelnagelneue Waschmaschinen-Schleuder-Trockner-Kombination vielleicht nicht ganz günstig war, wir aber dafür in den Genuss der Garantie und des Kundenservices kommen. Alles exklusiv und inklusive. Außerdem wird die alte Waschmaschine auch gleich mit abtransportiert. So mag es das Hausweibchen. Was nicht mehr taugt, muss raus. Ich mag den Duft von fabrikneu. Wie war das: Jedem Abschied wohnt ein Anfang inne? Und so lange immer noch etwas Neues anfängt, kann es so spät ja gar nicht sein.

Spät

Wie spät es schon ist, beweisen Zahlen. Hochzeitsanzeigen von Leuten, die fünfzehn Jahre nach uns geboren wurden! Der achtzehnte Geburtstag des »kleinen« Neffen. Und dann dieser Brief: die Einladung zum zwanzigjährigen Abi. Kai weiß natürlich, wie alt ich bin. Den Brief habe ich ihm trotzdem erst mal nicht gezeigt. Das musste ich erst mal verdauen. Zwanzig Jahre! Ich frage mich, was ich seitdem gemacht habe, außer dreimal die Haarfarbe und viermal den Wohnsitz zu wechseln.

»Das wird bestimmt super witzig«, befand Sabine. Und es ist mir fast ein bisschen peinlich, aber es wurde wirklich total witzig. Ich hatte mir ganz fest vorgenommen: Wenn auch nur einer Fotos von seinen Kindern, seinen Gallensteinen oder seinem Schrebergarten rausholt, gehe ich. Aber die Angst war umsonst gewesen. Keiner wollte diese Klischees erfüllen. Am Anfang war es natürlich ein bisschen steif. Die Leute waren mir eigentlich alle total fremd, trotzdem mussten wir uns natürlich duzen.

Wir hangelten uns von Erinnerung zu Erinnerung, von Klassenlehrer zu Klassenlehrer. Nach und nach fielen mir auch die Namen (Lehrer und Mitschüler) wieder ein und auch, mit wem ich schon mal geknutscht hatte. Und je später der Abend wurde, umso mehr war ich mir sicher: Wir haben uns alle überhaupt nicht verändert. Zu vorgerückter Stunde stand ich mit Heike auf dem Klo, und wir tratschten wie früher beim Lippenstift-Nachziehen, als mir die fiese Ute verbal gegen das Schienenbein trat: »Was habe ich gehört, Frederieke, du willst noch ein Fernstudium beginnen? Das lohnt doch überhaupt nicht mehr.«

Ich hätte ganz viel sagen können. Dass sich bei manchen Menschen Bildung in jeglicher Form nicht lohnt. Wann auch immer. Dass ich mich noch nicht so alt fühlen würde, wie sie aussieht. Dass sie das nicht beurteilen könne, weil sie ja schließlich einem Studium auch immer ferngeblieben sei. Ich habe das alles nicht sagen können, weil ich so an diesem dicken Klops schlucken musste. Diese dumme Kuh. Plötzlich sah mein neuer Lippenstift wie eine neue Haustür an einer alten Fassade aus. War ich etwa schon das, was man auf dem Arbeitsmarkt als »schwer vermittelbar« bezeichnet? Ich konnte meine Laune nur dadurch retten, dass ich mir klarmachte: Ute war schon immer schwer vermittelbar gewesen. In jeglicher Beziehung. »Tja, da hast du ja Glück, Ute. Für eine Diät ist es ja leider nie zu spät, ne?«

Das war nicht nett. Aber es tat gut.

So richtig spät ist es an dem Abend nicht geworden. Noch vor Mitternacht (und es war ein Samstag!) pellten sich die ersten in ihre Freizeitlederjacken. Irgendwie mussten alle früh raus am Sonntag. Zu den Schwiegereltern, mit dem Hund Gassi, die Kinder bespaßen. Ich habe kurz überlegt, festgestellt, dass ich das alles nicht betreuen muss, und mir noch ein Bier bestellt.

Erst dann fiel mir auf: Ich muss mich gar nicht mehr bis zum frühen Morgen rumtreiben. Ich darf mittlerweile vor drei Uhr morgens nach Hause kommen, ohne dass der Abend ein Reinfall war. Außerdem ist es auch ganz schön zu wissen, dass zu Hause jemand wartet. Und zwar jemand, der sich sonntags morgens selbsttätig um seine Verdauung kümmert.

Ich krieg die Motten

Dafür hat Kai andere unleidliche Momente. Sabine und ich läuteten das Wochenende gerade mit einer Flasche Prosecco ein, als Kai zwei riesige Kartons ins Wohnzimmer wuchtete.

»Was ist das?«, wollte er wissen.

Ich war auf der Hut und antwortete vorsichtig: »Auf den ersten Blick sieht es nach zwei Kartons aus.«

»Stimmt. Zwei riesige Kartons, die zwei Drittel unseres Kellers versperren«, erläuterte Kai.

Ich wusste, was darin war. Leider wusste Kai es jetzt auch. Er hatte nachgeschaut und entdeckt, dass ich im Keller meine eigene kleine Altkleidersammlung angelegt hatte.

»Wie wär's, wenn du das direkt am Montag einer karitativen Einrichtung zuführst?«, fragte er, und es klang eher nach einer ultimativen Aufforderung und nicht nach einer Frage. Ich protestierte natürlich. Erstens seien die Sachen noch gut, und zweitens würde ich die bestimmt irgendwann wieder tragen. Punkt eins stimmte. Die Sachen waren noch gut, und das Schlimmste: Ein Großteil von ihnen war schon wieder modern. Umkrempel-Jeans, wild gemusterte Blusen, Bolero-Strickjacken. Mir schauderte. Ich bin so weit, eine Modewelle das zweite Mal zu erleben. Als seinerzeit plötzlich Trenchcoats in waren, hatte meine Tante mir Hoffnung gemacht: »Frederieke, ich guck mal bei mir im Keller. Ich glaube, so einen habe ich noch von früher.«

Jetzt habe ich selber schon die Sachen »von früher« im Keller. Das Gefühl ist so, wie beim Malefiz-Spiel wieder auf den Start gesetzt zu werden. Der gleiche Weg mit all seinen Stolpersteinen – wie bunte Stulpen und riesige Halstücher – liegt wieder vor einem. Meine Vermutung allerdings, dass ich die Jeans noch tragen könnte, war eine Fehleinschätzung. Kann sein, dass sich mein Gewicht seit den achtziger Jahren in seiner absoluten Kilozahl nicht sehr verändert hat. Die Anordnung der Pfunde hat sich aber offensichtlich verschoben. Ich kriegte die Umkrempel-Jeans beim besten Willen nicht zu. Kann ja sein, dass man im Laufe der Jahre immer dünnere Haut kriegt. Aber das Fell darunter wird irgendwie immer dicker. Außer den schwarzen Lederstiefeln habe ich also den gesamten Kartoninhalt dem DRK vor die Tür gestellt. Meine Füße haben offenbar nicht ihre Form verloren. Und die Stiefel waren genau das richtige Accessoire zum nächsten Samstagabend-Event: Tanztheater auf der Zeche. Ja. Wir machen jetzt ab und zu »in Kultur«.

Kultur

Es war einer der seltenen Momente, in denen Sabine echt ein bisschen beleidigt war. Ich hatte das neue Bild in ihrem Wohnzimmer bewundert und ehrfürchtig gefragt: »Hast du das selber gemacht? Super.«

»Selber gemacht? Du hast ja überhaupt keine Ahnung. Das haben Martin und ich uns von der Steuerrückzahlung gegönnt«, fauchte sie zurück. Ich zog den Kopf ein und musste mir anhören, dass das Kunstwerk überdies eine Geldanlage sei. Wir redeten über ein Bild, das blau war. Überall einfach nur blau. Sie hätten auch eine große Mülltüte rahmen können.

»Außerdem passt gerade so ein monochromes Bild hervorragend in diesen Raum«, unterstrich Sabine und wedelte imaginäre Krümel vom Tisch.

Monochrom. Ich war baff. Ich kannte Mono und Stereo bislang nur von unserer Musikanlage. Aber dieses schlichte blaue Bild war wohl nur ein weiterer logischer Schritt auf dem Weg in erwachsene Sphären. Ich habe ja selber schon auf Kunstausstellungen am Sekt genippt und zu Ausführungen über dezente Pinselführungen und explodierende Farbmischungen genickt. Kai und ich haben sogar schon mal einen Skulpturengarten besucht. Am witzigsten fanden wir einen Basketballkorb für Zwerge. Die Idee dahinter fanden wir echt gelungen. Leider erläuterte uns später ein Aufpasser, dass das die Halterung für einen Mülleimer sei.

Es ist noch nicht so weit, dass wir einen Samstagabend mit drei Wagner-CDs und einer Schachtel After Eight verbringen. Aber eine Scheibe mit Instrumentalmusik hat sich schon in unser CD-Regal geschlichen. Komischerweise finde ich mittlerweile sogar Tanztheater interessant. Und ich höre mich in den Pausen über Körperspannung und Musikdramaturgie faseln. Das hätte ich mir früher nur angetan, wenn das vertanzte Theater während der Schulzeit als Unterrichtsersatz angeboten worden wäre. Jetzt ist das – verbunden vielleicht noch mit einem Besuch in der Weinbar – Teil eines perfekten Samstagabends. Und wenn ich dann um elf zu Hause bin, bin ich sogar schon müde. Wenn wir noch Bekannte getroffen haben, bin ich es meist schon vorher. Die Art von Bekannten, die man von irgendwoher kennt, ohne sich was zu sagen zu haben. Also versucht man eine Unterhaltung mit einer Frau, die zufälligerweise denselben Yogakursus besucht, und deren Mann/Freund/ Betreuer. Und spätestens nach neunzig Sekunden stellt irgendjemand die Notfrage: »Und was machen Sie beruflich?«

Berufung

Als meine Mutter es tatsächlich mal wagte, nach dem Beruf des Vaters einer sehr vorübergehenden Bekanntschaft von mir zu fragen, habe ich sie gestoppt: »Er ist Schönheitschirurg, er hat mir schon ein Infoheft für dich mitgegeben.« Das war natürlich fies und gelogen, aber die Frage habe ich nie wieder gehört. In einer gewissen Phase im Leben interessiert es einen einfach nicht, was jemand beruflich macht, schon gar nicht, was die Eltern von neun bis fünf so treiben. Wichtig ist meist nur, dass sie nicht zu Hause sind. Normalerweise interessiert es mich heute auch noch nicht, womit jemand sein Geld verdient. Aber es klingt höflich und interessiert, und wir bilden uns ja alle ein, vom Beruf auf den Charakter schließen zu können. Oder gar auf den Bildungsstand. Was blanker Unsinn ist. Der Vater einer Freundin – Mathematikprofessor – hat mich immer gerne in Diskussionen verwickelt und gefordert: »Dinge müssten einfach mal aufs Trapez gebracht werden.« Ich habe ihm gesagt, dass ich das bei meinem nächsten Zirkusbesuch gerne versuchen würde. Auf der anderen Seite hat mir mal ein Skilehrer den kategorischen Imperativ erläutert (und zwar so, dass ich heute noch weiß, was er bedeutet). Und trotzdem fragen wir permanent fast wildfremde Menschen nach Beruf und Job und finden immer alles total interessant. »Ach, Sie sind Krankenschwester? Wie interessant. Das wird ja auch immer schwieriger durch den Personalabbau in den Krankenhäusern, oder?« »Ach, Sie sind Ernährungsberaterin? Wie spannend. Und so wichtig. Wir ernähren uns ja alle immer einseitiger. Schon die Kinder sind oft verfettet.« »Ach, Sie sind Bestatter? Wie interessant. Und beständig. Gestorben wird ja immer, ha, ha, ha.« Wir haben für jeden noch so profanen Job einen passenden Spruch. Irgendwann traue ich mich, und wenn dann irgendjemand verkündet, er sei Feuerwehrmann oder Pathologe oder Vermessungsingenieur, dann sage ich: »Wie langweilig.« Dabei könnte es doch wirklich so spannend sein. Wie gerne würde ich mal einen Chirurgen fragen, wie es riecht, wenn so ein Bauch aufgeschnitten wird. Riecht es nach »großem Geschäft«? Wie gerne würde ich mal eine Friseurin fragen, ob sie nicht schon mal gedacht hat: »Das war aber nichts. Das muss ich noch mal üben.« Oder ob sie sieht, ob Haare selber gefärbt wurden. Wie gerne würde ich mal einen Polizisten fragen, ob er schon mal angeschickert Auto gefahren ist, und eine Lehrerin, ob sie sich nicht schon mal ganz, ganz kurz die Prügelstrafe zurückgewünscht hat. Das frage ich aber nicht. Das tut man nicht mehr. Schlimm genug, dass ich auf Kais letzter Weihnachtsfeier seinen Chef gefragt habe, was er eigentlich beruflich macht. Okay, ich habe ihn nicht sofort erkannt, aber ehrlich gesagt: Ich weiß eigentlich wirklich nicht, was der Mann so tut und treibt. Kai zu befehligen kann ja keine tagesfüllende Tätigkeit sein. Auch wenn Kai bei manchen Aufträgen (Bild aufhängen, Reifen wechseln und so weiter) eine nervenaufreibende Langsamkeit an den Tag legen kann. Was mich beunruhigt ist allerdings, dass ich bei immer mehr Berufen überhaupt keine Vorstellung habe, was dahintersteckt. Ich weiß nicht, was ein »Key Account Manager« so machen muss. Auch weiß ich nicht, womit ein SAP-Consultant seinen Tag rumkriegt oder ob ich nicht eigentlich der geborene Applikationsspezialist bin. Im Gespräch mit einem Mann fällt dieses ganzheitliche Unwissen natürlich nicht auf. Da reicht oft schon ein »Ach?« in Kombination mit geweiteten Augen à la Seehundbaby, und schon beginnt ein Monolog über die Branche im Allgemeinen und die enorme Fähigkeit des Gesprächspartners im Besonderen. Ich habe mit einem Fremden und der einzigen Silbe »Ach« eine mehrstündige Bahnfahrt nach Stuttgart bestritten. Und er hat sich allen Ernstes hinterher für das interessante Gespräch bedankt. Frauen neigen im Gegenteil ja eher zur devoten Untertreibung. Ich habe auf die Frage, was sie beruflich mache, eine Frau antworten hören: »Nichts Besonderes.« Entweder war das ein profaner Appell an den Beschützerinstinkt ihres Gegenübers oder niemand hatte dieser Frau die Spielregeln erklärt. Wir sind jetzt alle wichtig. Wir glauben, auf den schmalen Schultern unserer Generation ruhe die Welt. Sabine und Anja sind da Gott sei Dank anders. Wird Anja nach ihrem Alltag gefragt, gibt sie zu, dass sie Chaosverwalterin ist. Und wer spontan bei ihr zu Besuch ist, weiß: Das stimmt. Eigentlich ist Anja eher Auszubildende zur Chaosverwalterin. Und Sabine prahlt auch nicht mit: »Ich bin Managerin eines erfolgreichen kleinen Familienunternehmens.« Sie sagt: »Ich bin Mutter und trinke den ganzen Tag Kaffee.« Und das stimmt auch. Natürlich bespaßt sie nebenbei auch Carlos, befriedigt dessen Grundbedürfnisse nach Nahrung, Schlaf und trockenem Unterboden, aber nebenbei läuft auch immer die Kaffeemaschine. Vielleicht Sabines einzige Erinnerung an ihren vorherigen Bürojob. Und ein bisschen Kontinuität braucht ja jeder. Ich ahne immer schon, wenn mir diese Berufsfrage droht. Spüre diesen neugierigen Blick, der immer zuerst kommt. Ich spüre die drohende Frage: »Womit kann diese Frau wohl Geld verdienen?«. Ich müsste als Beruf »Sachbearbeiterin« angeben. Gibt es eine langweiligere und nichtssagendere Bezeichnung? Nein. Ich möchte einfach nicht mit nichtssagender Tätigkeit in Verbindung gebracht werden und wechsle rasch das Thema. Ich frage einfach irgendetwas. Zum Beispiel: Warum werden eigentlich »Die Waltons« nie wiederholt?

Fern gesehen

Jeder noch so lahme Haufen jenseits der Dreißig kann mit dem Thema »Fernsehen früher« euphorisiert werden. Ob trübe Geburtstagsparty, steife Gesellschaft, müder Grillabend: Wird das Gespräch auf alte Fernsehserien gebracht, sind sie alle wieder wach. Fast elektrisiert. Kaum geht es um die Waltons, flötet jemand »Gute Nacht, John-Boy« und kichert. Ein anderer will wissen, wie noch mal diese tolle Schauspielerin aus »Eine amerikanische Familie« heißt (Kristy McNichol) oder ob jemand noch »Arm und Reich« mit dem jungen Nick Nolte kennt. Meistens kennen alle alle Serien, weil die Auswahl seinerzeit nicht groß war. Wir hatten drei Programme zur Verfügung, und die Sendezeit begann irgendwann am Nachmittag mit »Mosaik« und endete, wenn Mama und Papa Fernsehen gucken wollten. Also haben wir zwangsläufig alle dasselbe gesehen.

Ich weiß sogar noch, dass das Meerschweinchen aus »Ich heirate eine Familie« den Namen »Bommel« hatte. Wieso merkt man sich das? Natürlich kommt diese Serie bei der kollektiven Erinnerung nicht vor. Genauso wenig wie »Diese Drombuschs« oder gar »Die Wicherts von nebenan«. Viel zu peinlich. Aber wird von einem sogenannten »Colt für alle Fälle« gesprochen, gibt es immer ein, zwei Männer, die sofort die Titelmelodie summen. Männer schwärmen dann auch gerne von Magnum und dessen Ferraris. Die Frauen erinnern sich eher an die fiesen Hemden und den fiesen buschigen Schnäuzer. Alle sind sich aber wieder einig, dass einzig und allein Don Johnson verknubbelte Leinensakkos tragen konnte, ohne wie ein zwielichtiger Gebrauchtwagenhändler auszusehen. In der Abteilung coole Typen darf natürlich Remington Steele nicht fehlen. Alles schöne, leichte Erinnerungen. Ein bisschen schwermütiger wird es, wenn plötzlich jemand von »Die Bären sind los« anfängt. Das ist schon so verdammt lange her. So viele Gefühlslichtjahre her. Dann erinnere ich doch lieber an den leichten Grusel, der einen bei »Aktenzeichen XY« überfiel. Das durfte ich zu Hause nicht gucken. Meine Eltern kannten meinen Hang zur Hysterie. Meine Oma kannte den nicht. Mit ihr habe ich Dutzende Male ängstlich verfolgt, ob im Schweizer Studio schon sachdienliche Hinweise eingegangen sind, und danach immer sehr, sehr schlecht geschlafen. Größere Lacherfolge hat man allerdings, wenn man in geselligen Runden an die fiese Frisur erinnert, mit der Peter Illmann einst »Formel Eins« präsentierte. Allein, dass wir bei der Geburtsstunde von Videoclips dabei waren, stimmt mich bedenklich. Vielleicht trägt Peter Illmann mittlerweile Halbglatze und sieht so aus, wie ich mir den Sprecher von »Der 7. Sinn« optisch vorstelle. Wir sprechen von Cliff Barnes und der unterlippenzitternden Sue Ellen, als seien es alte Bekannte von uns. Wir beteuern uns, dass allein Klaus Wennemann als der einzig wahre »Fahnder« (samt grünem Ford Taunus) durchgeht, und die Männer kriegen diesen glasigen Blick, wenn sie von den drei Engeln und dem imaginären Charlie faseln. Gemeint sind die echten drei Engel, nicht dieses moderne Kino-Remake. Wir wissen wenigstens, dass Lucy Liu und Co. nur eine Kopie sind. Wir sind alt genug, uns an die originalen Engel noch zu erinnern.

Original und Fälschung

Es war ein so schöner Abend gewesen. Martin hatte Sabine nur dreimal angerufen (Wo ist der Schnuller? Muss das riesige Schaf wirklich mit ins Bett? Hast du gestern das letzte Bier getrunken?). Sabine und ich hatten uns quer durch die Tapas-Karte gefuttert und stanken schon aus den Ohren nach Knoblauch. Wir prosteten uns grinsend bei »Killing me softly with his song« zu, als der Lärm einer Abrissbirne durch den Laden hallte. Offenbar war die Stereoanlage implodiert und alle Boxen stöhnten durchgeknallt. Mitten in den Song platzte ein Kreischen ähnlich eines Presslufthammers. Alle anderen Gäste unterhielten sich weiter, als wäre nichts passiert. Nach und nach dämmerte mir, dass dieses Bohrgeräusch Element des Liedes war. Die Bässe drückten mein Zwerchfell nach innen. Brachialer Brechgesang schwätzte irgendwas auf Englisch. »Übel diese Cover-Version, was?«, fragte Sabine und exte ihren Wein.

Wer erlaubt so etwas? Wenn jemand richtig schlechte Musik machen will, kann der nicht seine eigenen Lieder schlecht komponieren? Muss der sich an allgemeinem Kulturgut vergreifen? Muss der akustische Erinnerungen vergewaltigen?

Der Abend war gelaufen. Ich fuhr zu meiner coverfreien Zone heim und Sabine noch an einer Tanke zwecks Bierkauf vorbei. Aber seitdem fällt mir immer wieder auf, in welch schlecht geklonter Welt ich lebe. Ich habe neulich unseren Azubi auf dem Firmenparkplatz gesehen, wie er völlig gebannt in seinem Auto saß. Es war zehn nach acht und nicht die Stunde, um Zeit zu verplempern. Ich machte mir Sorgen. Vielleicht hatte er gerade einen Hexenschuss oder einen Blutsturz? Vorsichtig öffnete ich die Fahrertür und wurde von »Another Brick in the Wall« fast erschlagen. Er hatte die Anlage ziemlich aufgedreht.

»Der Song ist so hammerhart. Kennste? Habe ich mir gestern runtergeladen.«

Ich war auch ziemlich geladen.

»Klar, kenne ich den«, brüllte ich ihn an.

»Echt? Der ist doch brandneu.«

»NEIN. Ist er nicht.«

Es hat keinen Sinn.

Für diesen Jungspund ist der Song brandneu. Er erlebt ihn zum ersten Mal. Aber kann man nicht einen Ehrenkodex unter Musikern erreichen? Im Supermarkt bin ich an der Käsetheke mit einer modernen Version von »The Logical Song« von Supertramp beschallt worden. Da vergeht mir der Appetit. Auch hat die Welt meines Erachtens nach nicht auf eine Rap-Version von Lili Marleen gewartet.

Aber eigentlich fängt es ja mit den Bandnamen schon an. Die Gruppen hießen früher »The Police«, »The Rolling Stones« oder auch »The The«. Und ich glaube »Gruppen« heißt das auch schon lange nicht mehr. Aber die Aktiven nennen sich jetzt 50 Pence oder Cent oder so. Oder einer featured den anderen. Was bedeutet das? Vielleicht könnte ich das lernen. Dann müsste ich aber einen anderen Radiosender hören. Wo permanent hippe, megageile Events angekündigt werden. Wo ich mir ständig irgendwas als Podcast runterladen soll und mit Tourdaten und sogenannten Jingles bombardiert werde. Aber – ich bin beruhigt – den hört noch nicht mal Jule, meine Nachbarin. Und deren Möbel hatte ich ja immerhin für Umzugskartons gehalten. Wenn die schon nicht mehr Zielgruppe für diesen akustischen Wackelpeter ist, bin ich es schon lange nicht mehr. Also höre ich jetzt schon denselben Radiosender wie meine Eltern. Weil es da »Every breath you take« nur von Police gibt und weil ich da gesiezt werde. Und weil die Moderatoren und Moderatorinnen da bekannte Namen haben. Nicht prominente.

Nomen est omen

Frauen in meinem Umfeld heißen gerne Stefanie oder Sonja. Beliebt ist auch Susanne. Das sind für mich gängige Namen. Lisa, Sarah und Lena sind für mich eigentlich fünfjährige Mädchen. In meiner Vorstellung. Doch Lisa und Co. sind plötzlich erwachsen. Sie sind erfolgreiche Tennisspielerinnen oder schreiben mir im Namen meiner Bank. Menschen mit Namen wie Annika, Tim, Nele oder Marvin verloben sich – wie ich meiner Tageszeitung entnehmen kann. Menschen mit Namen wie Friederike, Michael oder Claudia kommen eher in der Rubrik »Die drei ist weg, die vier ist da, das finden alle wunderbar« vor. Natürlich werden heute auch Babys nicht mit Namen wie Petra oder Thomas ins Leben geschickt. Die klingen für junge Eltern offenbar nach sauerländischem Gebirgsverein und Blockflötenunterricht. Erstaunlicherweise sind aber Paul, Max und Sophie wieder absolut hipp. Namen, die man ja eigentlich eher aus dem Geschichtsunterricht und österreichischen Heimatfilmen kennt, bevölkern die Spielplätze. Kann es sein, dass unsere Namen für die Jugend klingen wie für uns früher Hilde, Erika und Kurt? Anja ist mit ihrem Vornamen natürlich auch nicht ganz glücklich. Sie war in der Schule immer eine von mindestens zwei Anjas in der Klasse. Was aber noch schlimmer ist: Ihre Vorgängerin bei ihrem Mann hieß auch Anja, so dass sie nie genau sicher war, ob ihr Liebster sich nicht gerade verspricht.

Ganz kurz haben Anja und ich mal überlegt, ob wir uns nicht einer nominellen Verjüngungskur unterziehen sollten. Eine Art Lifting für den Namen. Die Idee war, uns einfach einen peppigen, modernen Zweitnamen zuzulegen. Aber im Ernst: Anja-Anna, Anja-Johanna, Anja-Marylin oder auch Anja-Paula klingen irgendwie doof. So verstört wie eingefleischter Vegetarier oder wie Schittenkötter-Kowalski. Mit einem Doppelnamen im Pass kann man einfach nicht mehr jung sein. Das klingt wie phonetische Gewalt-Emanzipierung. Bei ganz vielen meiner Bekannten ist schon die erste Telefoneinheit abgelaufen, ehe die sich vollständig gemeldet haben. Doppelnamen klingen einfach nach asymmetrischen Frisuren mit riesigem einseitigem Ohrgebammsel. Das ist ein Teil deutscher Geschichte. Und wir waren dabei.

Geschichte

In der Schule habe ich gefühlte drei Jahre lang die Weimarer Republik durchgenommen. Ich habe bei der »Geburtsstunde der Bundesrepublik« den Sauerstoffmangel in der Luft bekämpft und gelernt, mit geschlossenem Mund zu gähnen. Alles, was vor meinem achtzehnten Geburtstag passierte, interessierte mich einfach nicht die Bohne. Die Devise war »Vorne liegt die Zukunft«. Und gestern fragte mich unsere neue Praktikantin: »Wissen Sie, wer Baader und Meinhof waren?«, und ich holte ganz tief Luft. Ich erzählte vom deutschen Herbst, von der RAF, von Mogadischu und Hanns Martin Schleyer, und ich sehe in den Augen dieser Siebzehnjährigen, dass sie es so genau dann doch nicht wissen wollte. In ihren Augen schwammen Tränen. Wie das eben ist, wenn man das Gähnen mühsam unterdrückt.

Ich bin frustriert. Ich kenne Geschichtsereignisse. Und zwar nicht nur aus ZDF-Dokumentationen von Gudio Knopp. Ich habe sie erlebt. Ich höre fast noch Genscher vom Balkon der Prager Botschaft den DDR-Flüchtlingen die frohe Botschaft verkünden. Ich höre fast noch Elton John beim Begräbnis von Lady Di singen. Ich könnte den Namen des Hotels nennen, in dem Uwe Barschel tot aufgefunden wurde. Wenn in einem Rätsel nach einem »15-jährigen Leimener« gefragt wird, weiß ich natürlich, wer gemeint ist. Anja und ich haben schon »Wetten dass …?« geguckt, als es noch von Frank Elstner moderiert wurde. Und während meiner Petting-Zeit hatten wir noch keine Angst vor Aids.

Natürlich habe ich bei unserer Praktikantin einen typischen Erwachsenenfehler gemacht. Ich habe ihr mein Buch »Der Baader Meinhof Komplex« mitgebracht und zur Lektüre empfohlen. Und ich konnte dabei förmlich ihre Gedanken lesen: 1. »Wie lange muss ich das jetzt behalten, damit die denkt, ich habe das gelesen?«, und 2. »Hoffentlich muss ich danach keine Fragen beantworten«.

So will ich doch nicht sein. Immerhin unterdrücke ich das joviale: »Du kannst ruhig du zu mir sagen.« Wenn ich das sage, stehe ich doch auf der falschen Seite, oder? Es kann aber auch schlimmer kommen. Diverse Lieblingssänger von Sabine sind sogar schon tot. Wenn sie ihre CDs von Freddie Mercury und John Lennon rausholt, hat das ja schon sakralen Charakter. DAS würde mich deprimieren. Wenn die eigenen Idole schon beerdigt und verrottet sind, gehört man doch schon fast zur sogenannten Middle-Age-Generation oder gar den »Best Agern«. Wir gelten als konsumstarke Zielgruppe. Die betreffenden Firmen scheinen meinen Kontostand nicht zu kennen, aber ich bekomme neuerdings säckeweise Altpapier zugeschickt, die glanzvolle Luxusgüter anpreisen. Immerhin sind noch keine Treppenlifte dabei, dafür aber Kommunikationsgeräte in allen Formen und Farben.

Wo bist du gerade?

Der Vergleich ist natürlich moralisch unkorrekt, aber ohne mein Handy fühle ich mich wie ein Rockstar ohne Kokain, wie ein Radprofi ohne Epo. Kann ja sein, dass ich das mobile Telefon die nächsten sieben Stunden gar nicht brauche. Aber für den Fall der Fälle habe ich es gerne dabei. Ich muss erreichbar sein, an der Nabelschnur der Kommunikationsgesellschaft hängen. Das wollte ich natürlich niemals. Albern diese Möchtegern-Wichtigtuer, diese Porsche-Wochenendfahrer mit Mietwagenkennzeichen, diese Pseudo-Prominenz. Jetzt gehe ich selber nicht mehr ohne. Nicht ins Kino, nicht zum Rückenfit, nicht zur Fußreflexzonenmassage. »Historisch« betrachtet gehören Sabine und ich ja noch zu den Schreibern. Seitenweise habe ich früher mal mit roter und mal mit grüner Tinte Papierbögen vollgekritzelt und zur Post getragen. Wohlgemerkt an Freundinnen, die ich spätestens am nächsten Tag in der Schule wieder sah. Aber es gab so viel zu formulieren. Ja, es waren auch Gedichte dabei (manche sogar mit erahnbaren Paarreimen). In Urlaube habe ich packenweise Papier und Pelikan-Patronen mitgenommen. Irgendwann habe ich mal einen Anrufbeantworter geerbt und ihn mit großer Freude wöchentlich neu mit Ansagen bespielt. Mal mit einem kleinen Gitarrensolo (von der CD natürlich), mal mit so witzigen Texten wie: »Hallo? Hallo? Wer ist denn da? Was? Wer? Ach Mist, bin ja selber nicht da. Ich bin nur der Anrufbeantworter.« Was habe ich mich über die gestammelten Werke danach amüsiert. Nicht mehr so amüsiert war ich, als ich feststellte: Immer zurückrufen ist total teuer. Ich habe den monströsen Kasten also weitervererbt und war wieder unerreichbar. Ein gutes Gefühl. Total unabhängig. Mitleidig habe ich mir die Menschen angesehen, die Geld in einen »Pieper« investiert hatten und scheinbar permanent immens wichtige Nachrichten zugepiept bekamen (ich glaube übrigens, dass die Gruppe der Pieper-Besitzer und die Gruppe der Tamagotchi-Pfleger seinerzeit nahezu identisch war, aber das nur am Rande). Ich war wirklich mehrere Wochen am Stück in so fernen und abgelegenen Gefilden wie Frankreich oder auch Italien unterwegs, ohne erreichbar zu sein.

Vorbei, vorbei. Ich habe mittlerweile schon unten an den Mülltonnen so ein imaginäres Klingeln im Ohr. Meine größte Furcht: Irgendjemand mit »unbekannter Nummer« hat gerade versucht, mit mir Kontakt aufzunehmen, und ich werde niemals erfahren, wer das war. Eine unbekannte Nummer kann auch mein Handy nicht rauskriegen. Aber sonst kann es eigentlich fast alles. Ich kann damit natürlich fotografieren und theoretisch diese Bilder auch als MMS – was immer das ist – weiterschicken. Theoretisch, weil ich für die praktische Durchführung erst die Bedienungsleitung wiederfinden müsste. Ich kann damit natürlich auch Gespräche mitschneiden, unterbrechen und unterdrücken – was ich bis dato nur vom Gähnen oder von Volksgruppen kannte. Ich kann natürlich auch SMS verschicken, mir Notizen machen und einen Kalender verwalten. Tetris kann ich leider nicht damit spielen, dafür aber ein Spiel, in dem Luftballons aufgespießt werden müssen. Ich kann mich natürlich von meinem Handy auch wecken lassen und habe dafür rund dreißig verschiedene Weck-Klingeltöne zur Auswahl. Außerdem zeigt mein Gerät natürlich die Mitteleuropäische Sommerzeit, die entsprechende Zeit in New York und in einer Stadt, die in meinem Erdkundeunterricht nicht vorkam. Ich habe also genau das (und zwar winzig und silberfarben), was ich vor Jahren never-ever haben wollte. Und doch war ich fast ein ganz klein bisschen neidisch, als ich letzte Woche bei Jule auf einen Kaffee eingeladen war. Meine Nachbarin hat ein Handy, das im Prinzip einen gesamten Schreibtisch ersetzt. Sie kann damit E-Mails lesen UND beantworten. Die muss nicht erst ihren 386er-PC hochfahren, mit zwei Fingern das Kennwort eingeben, dann versuchen, sich irgendwie bei AOL einzuwählen. Die macht einfach ihr Handy an und PING hat sie die neuesten Viagra-Angebote auf dem Schirm. Aber, und das hat mich auch beruhigt: So super fortschrittlich ist Jule auch nicht. Als sie mal eben einen Freund anrief, fragte sie dasselbe, was ich auch immer zuerst frage: »Wo bist du gerade?« Ich hoffe nur, dass mein Gesprächspartner dann niemals antwortet: »Du, ich flieg gerade nach Teneriffa, ich gönne mir noch mal eine Woche Sonne.« Die Wahrscheinlichkeit dafür steigt. Denn wir sind doch alle plötzlich Vielflieger.

Über den Wolken

Täusche ich mich, oder ist eine Flugreise einfach nicht mehr mit dem Staub des Abenteuers behaftet? Als ich das allererste Mal geflogen bin – immerhin nach London-Heathrow und damit war schon eine Zeitverschiebung verbunden –, habe ich nicht nur den Sicherheitsanweisungen der Stewardess zugehört. Ich habe alles noch mal auf dem eingeschweißten Zettel nachgelesen. Jetzt gehen wir andauernd in die Luft und sind schon dermaßen geübt. Ich versuche gar nicht mehr zu verstehen, was mir Pilot Kowalski gelangweilt und zweisprachig über die Lautsprecher mitteilen will. Er wird wie immer was von Flughöhe und Außentemperatur faseln, was mich doch nicht wirklich interessiert. Als Ankunftszeit wird er immer das verkünden, was auf meinem Ticket steht und doch meist nicht hinkommt. Wir sind schließlich Profis. Wir bestellen sofort zwei Getränke bei der devoten Stewardess. Wie grässlich erwachsen ich allerdings geworden bin, zeigt sich unter der Hose meines zeitlosen Zweiteilers. Ich trage meist Thrombosestrümpfe. Weil das lange Sitzen ja durchaus gesundheitlich bedenklich sein kann. Komisch. Als ich vor gar nicht allzu langer Zeit gefühlte dreiundsiebzig Stunden in einem Bummelzug nach Südspanien hockte, hat mir das keine Sorgen bereitet. Damals konnte ich es mir sogar noch erlauben, Jeansshorts zu tragen. Dazu hätten hautfarbene Thrombosestrümpfe natürlich auch immens bescheuert ausgesehen. Ich käme heute wahrscheinlich auch bei einem vierteljährlichen Fluglotsenstreik gar nicht auf die Idee, mal wieder mit dem Zug in Urlaub zu fahren. Als ich Jule neulich mit einem fast mannshohen Tramperrucksack im Treppenhaus traf, wo sie mit einer halben Körperdrehung die Blumendeko von der Fensterbank ins Nirwana befördert hatte, murmelte sie nur was von: »Tut mir leid. Muss den Zug kriegen. Treffe mich mit Freunden in Piombino«, war ich fast erleichtert, dass ich so was nicht mehr durchstehen muss. Dieses Geschleppe, diese Enge im Abteil. Boah. Nee. Diese mitleidigen Blicke von Einheimischen. Im besten Fall mitleidig. Nicht selten auch aggressiv à la: »Diese zottligen Tramper bringen doch keine müde Mark ins Land.« Zwei Wochen später denke ich wieder an Jule. Sie schlürft wahrscheinlich gerade einen aromatischen Latte macchiato, und ich muss mich von Kai anmaulen lassen. Er zerrt gerade meinen Koffer zum Auto und murmelt was von »Übergewicht«. Ich bin mir nicht ganz sicher, was er meint.

Mit aller Macht zu Boden

Ganz am Anfang unserer Beziehung hat Kai geäußert, dass ich ein herzhaft bodenständiger Typ sei. Ich habe das als Kompliment aufgefasst. Bodenständig: Das klingt aus einem männlichen Mund anerkennend. Mittlerweile merke ich, wie ich immer mehr dem Boden entgegenfließe. Und das zieht mich im wahrsten Sinne runter. Ich hatte schon viele Situationen in meinem Leben, in denen ich dachte, dass mir das Herz in die Hose rutscht. Mittlerweile sitzt meine 501 so eng, dass ich sicher bin, da sind jeweils mehrere Gramm mitgerutscht. Ich gehe nicht auseinander wie ein Hefezopf, es sackt nur alles ein bisschen tiefer. Dabei liegt es nicht an der Masse. Ich bringe höchstens ein, zwei Kilo mehr auf die Waage als vor zehn Jahren. Versuche ich aber in Jeans zu kommen, die höchstens drei, vier Jahre alt sind, sind ein hochroter Kopf und eine abgeschnürte Durchblutung jenseits der Taille – manchmal auch abgerissene Gürtelschlaufen – das Ergebnis. Kurz: Die Quantität hat sich nicht so verändert, die Qualität allerdings sehr wohl. Und ausgerechnet ich habe Sabine vergangene Woche eine Standpauke gehalten, weil sie zu Hause immer noch gerne eine Schwangerschaftshose trägt, »weil die einfach so saubequem ist«. Ich selber habe diesen Sommer erstmals den Ärmellos-Schwabbel-Wabbel-Test gemacht. Ich habe die Sekunden gezählt, die meine Oberarme noch nachschwabbeln, wenn ich den gehobenen Arm kurz bewegt habe. Das Ergebnis werde ich wie den Pin-Code meiner EC-Karte noch nicht mal an einer geheimen Stelle niederschreiben. Überhaupt gucke ich im Spiegel schon lange nicht mehr nur mein Gesicht an. Ich beobachte auch mit Sorge die Veränderung meines Bauchprofils. Klar, von oben sieht das gerne mal gigantisch aus. Bedenklich wird es, wenn es auch im Profil rundlich wird (und die Regel nicht vor mehreren Monaten ausgeblieben ist). Mit Argusaugen beobachte ich auch Kais körperliche Entwicklung. Leider fällt mir kaum was auf. Er bekommt keinen Bauch, auch die Hüften sind noch genau an der Stelle wie zu unserer Kennenlernzeit. Aus seinen Nasen- und Ohrlöchern wachsen keine dicken schwarzen Haare, sein Hals wirft noch keine Falten. Dabei treibt der Typ wirklich kaum Sport. Und ich bin just in der Phase, in der ich »Problemzone« gerne als Überbegriff für meine Daseinsform wählen würde.

Ich glaube, es ist höchstens ein, zwei Generationen her, da durften Frauen ab einem gewissen Alter einfach voluminöser werden. Oft wurde die Explosion des Körpergewichts kommentiert mit: »Nach drei Geburten …« (Obwohl ich das nie wirklich verstanden habe. Nach der Geburt heißt ja, dass das Kind den Körper verlassen hat, oder?) Sabine hat, glaube ich, noch vor Carlos' erster richtiger Verdauung mit der Rückbildungsgymnastik angefangen. Anja wiegt bestimmt fünf Kilo weniger als vor der ersten Geburt (ihre Kinder kamen mir von der ersten Sekunde an vor wie nimmermüde Münder, die ihr

Wirtstier aussaugen wollen). Aber auch Anja könnte wahrscheinlich den berühmt-berüchtigten Bleistifttest mit einem ganzen Etui machen. Jede Frau, die den Test nicht kennt, soll froh und dankbar sein, weil sie sich ein frustrierendes Erlebnis erspart, und sich dementsprechend auch nicht erkundigen. Es hilft alles nichts: Mir wird klar, dass in der Waschmaschine nicht gleichzeitig Pullis ausleiern und Hosen einlaufen. Aber das hat doch auch was Gutes: Jetzt kann ich in den vielen Frauenzeitschriften endlich auch die Kapitel über »fließende Formen« und »kaschierende Schnitte« lesen. Bis jetzt ging mich das gar nichts an, habe ich alles übersprungen. Wie viel Geld ich für nutzlos bedrucktes Papier ausgegeben habe! Als hätte ich zu viel. Obwohl: Selbst wenn ich zu viel hätte, wüsste ich es wahrscheinlich gar nicht.

Zahlen

Was haben meine Eltern sich Mühe gegeben. Sie haben mir das Taschengeld täglich ausgezahlt, damit ich nicht alles auf einmal ausgebe. Sie haben es mir monatlich ausgehändigt, damit ich lerne, es mir einzuteilen. Sie haben mir später Geld auf ein Sparkonto überwiesen und mir versucht zu erläutern, was Zinsen bedeuten. Ich glaube, viel gefruchtet hat es nicht. Vom ersten Tag meiner finanziellen Unabhängigkeit an, habe ich die Wirtschaft angekurbelt, wo immer ich nur konnte. Meine Devise war »Das Geld muss raus«. In einer »eheähnlichen Gemeinschaft« – in der ich ja nun angekommen bin – sieht das anders aus. Gemeinsame Ausgaben heißt auch gegenseitigen Einblick ins Einkommen, um damit auszukommen. Stundenlang haben wir an einem gerechten Begleichungssystem gearbeitet. Erschwert wurde die Berechnung dadurch, dass Kai aus mir unbegreiflichen Gründen mehr verdient als ich. Dabei glaube ich nicht, dass seine Arbeit mehr wert ist – was ich ihm aber nie sagen würde. Er arbeitet de facto auch nicht länger. Er hat auch weder mehr Zeit noch mehr Aufmerksamkeit in seine Ausbildung gesteckt. Und wenn ich ihn mir ansehe, wie er mit leicht geöffnetem Mund zweiundzwanzig ballspielenden Männern zusieht, kann er einfach nicht intelligenter sein. Trotzdem bekommt er mehr Gehalt als ich. Ich habe diese Ungerechtigkeit nie thematisiert, ihn aber überzeugen können, dass er deswegen auch sechzig Prozent unserer Miete zahlen muss. Zusätzlich zahlt er auch Strom, ich dafür die Telefonrechnung. Überraschenderweise sind die Summen fast deckungsgleich. Alles andere haben wir auch brav aufgeteilt. Wenn ich für ihn den vierwöchentlichen Treppenwischdienst übernehme, bekomme ich ein außerhäusiges Abendessen spendiert. Zentrales Element unserer gemeinsamen Kasse ist aber eine alte Espressopulverdose. In die muss jeder am Anfang des Monats hundertfünfzig Euro stecken, und davon bezahle ich alles, was wir gemeinsam brauchen. Butter, Brot, Bier, Bananen. So weit, so gut. Dass ich meine Tampons daraus bezahle, ist wohl klar. Brauche ich irgendwann keine mehr, wird es nämlich viel, viel teurer für Kai. Da kann er sich an diesen drei Euro neunundneunzig wohl beteiligen. Ich war mir jedoch lange unsicher, ob es moralisch vertretbar ist, wenn ich aus dem Pott auch notwendige Alltagspflegeartikel wie strukturverstärkenden Colorationsschaum, glättende Augenfaltenkorrekturencreme und beruhigende Kava-Kava-Kapseln zahle, da Kai ja auch sekundär – durch meine strahlende Schönheit und mein ausgeglichenes Lebensgefühl – davon profitiert. Die Dosenverwaltung ist eine verantwortungsvolle Aufgabe mit charakterfestigenden Elementen. Doch das gehört seit neuestem eh der Vergangenheit an. Kai hat der Espressodose ihre Daseinsberechtigung genommen und ein gemeinsames Konto eingerichtet. Ich habe den Bogen wohl überspannt und in letzter Zeit immer öfter Schuldscheine in den Zahlungsverkehr einfließen lassen. Hatte ich mal gerade kein Bargeld parat, habe ich einfach einen Zettel »–150 Euro von Frederieke« reingesteckt. Wenn ich unseren Wocheneinkauf mit meiner EC-Karte bezahlt habe, deponierte ich einen Zettel mit »+40 Euro von Frederieke«. Irgendwann hatte sich ziemlich viel Papierwust angesammelt. Das war das Aus.

»Wir sparen unser Geld nicht in kratzigen Wollsocken unter der Matratze, und ab sofort wird unser Barvermögen nicht mehr nach Segafredo riechen«, befand Kai und überreichte mir eine Kontokarte.

Es ist so weit: Ich habe Zugang zu einem Haushaltskonto. Das ist jetzt natürlich super praktisch. Kaufe ich fürs Wochenende beim Bäcker noch Brötchen und Brot, bezahle ich die fünf Euro fünfzehn natürlich nicht mit der Kontokarte, sondern aus meinem Portemonnaie. Den Bon verwahre ich und schreibe abends drauf »für Frederieke vom Haushalt«. Diese ganzen Bons sammle ich – gemeinsam mit Briefmarken, diversen Visitenkarten, Abholscheinen, Wertmarken – in meiner überquellenden Börse, bis ich ungefähr genug Zettel für fünfzig Euro »für Frederieke« zusammen habe. Dann tanke ich meinen Wagen voll und zahle mit der Haushaltskontokarte. Das ist natürlich extrem umständlich, aber soll ich das Kai wirklich sagen? Niemals. Ich weiß doch genau, was dann kommt: Ein einziges gemeinsames Konto. Das ist für mich die emotionale offene Toilettentür. Dann kann ich gleich anfangen, kleine Kügelchen aus dem zu rollen, was sich im Laufe eines langen Tages alles so in Kais Bauchnabel ansammelt. Und das passt einfach nicht zu dem strahlenden Erfolgsmann, in den ich Kai immer öfter verwandele.

Wer angibt, gibt sich auf

Mein Mund fühlt sich noch immer schal an. Ich hatte Anja in einer Billig-Drogerie entdeckt. Ihre Kinder zogen gerade das Keksregal auf links, und Anja stand regungslos vor dem Nachtcreme-Arsenal. Offenbar konnte sie sich nicht entscheiden.

»Ich habe für mich eine neue Marke entdeckt. Super anspruchsvoll. Gibt's hier aber natürlich nicht.«

Anja guckte mich an, als würde sie mich am liebsten auf links ziehen. Warum habe ich das gesagt? Als würde sie das Abendessen für sich und ihre Kinder an der Tankstelle kaufen. Ich habe geklungen wie eine aufgeblasene, arrogante Ziege. Wieso habe ich nicht gleich gesagt: »An meine Haut lasse ich nur Ziegenmilch und Sternenstaub«? Wenn Anja eine Persona non grata für mich wäre – okay. Wenn ich sie schon seit vorpubertärer Zeit hassen würde, weil sie meiner Barbie einen Kurzhaarschnitt verpasst hätte – gut. Aber ich mag Anja! Seit wann bin ich eine Rundum-Angeberin? Seit wann würde ich mich selber nicht mehr gerne zur Freundin haben? Zumindest manchmal. Die neue Marke, die ich großkotzig ins Feld geführt habe, besteht aus zwei winzigen Proben, die ich bei meinem letzten Parfümeriebesuch bekommen habe (wo ich einen Gutschein eingelöst habe). Kann es sein, dass ich mich selber überzeugen möchte, ein toller Typ zu sein? Dass meine Ohren verwundert meinem Mund lauschen sollen? Wenn ich meiner Zunge freien Lauf lasse, wird eben auch Kai gerne mal zu einem Mann, der stündlich damit rechnen muss, in den Rat der fünf Weisen berufen zu werden. Gerade meine Eltern lasse ich gerne mal in dem Glauben, der Mann meiner Wahl würde quasi rund um die Uhr arbeiten, und zwar ausschließlich an entscheidenden Projekten mit einem immensen Budget und einem schier unüberschaubaren Personalaufwand. Meine Eltern sind natürlich einerseits tief beeindruckt und andererseits voller Mitgefühl für den gestressten Topmanager. Komisch eigentlich, dass sie noch nie mal nachgefragt haben, warum wir dann immer noch in einer Mietswohnung hausen und Urlaub in einem Drei-Sterne-Hotel (nach griechischen Maßstäben!!) machen. Als meine Mutter angesichts einer von mir servierten Fischmahlzeit anmerkte: »Stimmt, Lachsforellen waren ja diese Woche bei Aldi im Angebot«, habe ich zurückgezickt: »Echt? Ich kaufe Fisch ja nur noch frisch bei unserem Händler um die Ecke.«

Als hätten Kai und ich unseren Haus- und Hoflieferanten, der täglich alleine für uns seine Angel auswirft. Die Bemerkung meiner Mutter war ja noch nicht mal böse gemeint. Sie wollte eher zum Ausdruck bringen: »Was ist meine Tochter für ein sparsames Hausfrauchen, dass sie Sonderangebote kauft.«

Aber ich bin ja nicht alleine mit dieser Schaumschlägerei. Eine meiner Bürokolleginnen beginnt stets im März von »ihrem süßen kleinen Hotel an der Adria-Küste« zu schwärmen, wo sie alljährlich mit ihrem angeheirateten Bierbauch Urlaub macht. So weit ich weiß, gibt es an der Adria-Küste keine süßen und kleinen Hotels, aber die gute Frau klingt, als lechze das devote Hotelpersonal das ganze Jahr drauf, sie zu bedienen. Nach dem Urlaub stöhnt die Kollegin gerne. Das Wetter war wie immer viel zu heiß, und sie hatte quasi schon vor dem Kofferauspacken eine Sonnenallergie, die Preise waren zu hoch, die Pizzen zu klein, die Orte zu voll. Mindestens drei Mittagspausen lang quengelt sie uns die Ohren voll. Das Erstaunliche aber: Trotzdem war es ein traumhafter Urlaub. Sie vermutet, dass es daran liegt, dass sie ja schon irgendwie »dazugehört«. Ob sie das Inventar oder die Mafia meint, weiß ich nicht. Aber sie würde einfach nicht mehr wie irgendeine Touristin behandelt. Und das sagt eine Frau, die in Italien nach dem Abendessen einen Capuccino mit Sahne verlangt! Wir neigen offenbar irgendwie dazu, uns das Leben schönzureden und uns wichtig. Unsere Sprache klingt natürlich dementsprechend.

Wie soll ich sagen?

Ganz ehrlich: Ich habe schon im Alter von sieben oder acht Jahren die erste To-do-Liste geführt. Sorgsam habe ich eingetragen, was es noch so zu erledigen galt. Da standen da Dinge wie »Mathebuch, Seite 15, Nummer 3, die ersten drei Päckchen rechnen«. Das Ganze nannte sich Hausaufgabenheft und wurde werktäglich von meiner Ma kontrolliert. Jetzt schreibe ich Dinge auf wie »Überweisung Frauenarzt« oder »Papa Geburtstagsgeschenk« und nenne das ebenfalls To-do-Liste. Das klingt doch einfach bedeutungsvoller. Und wenn ich Papa zum Geburtstag gratuliere, trage ich dem Anlass entsprechend hohe Stiefel und einen kurzen Rock. Hohe Stiefel sind in dieser Saison ein absolutes »must«. Als mir Sabine erzählte, Pulswärmer seien in diesem Winter ein »Mast«, habe ich mich noch gewundert. Ein Mast? Was bitte sollte das denn sein? Ich kannte Mastschweine, Fahnenmasten und mehr nicht. Eine Frauenzeitschrift später war ich klüger und habe das Wort sofort in meinen aktiven Wortschatz aufgenommen, wo sich schon Vokabeln wie Timer und just in time tummeln. Kai dagegen ist ein Round-about-Fetischist. Er ist grundsätzlich eher ein vager Typ und will sich nur ungern mit irgendwelchen Aussagen festlegen (Wann kommst du nach Hause? Wie viel hast du getrunken?). Antworten beginnen bei ihm immer öfter mit: »So round-about …« Das bedeutet so viel wie »plus-minus-3-Stunden oder Bier«. Kai liebt es auch, sich irgendwelche Memos zu schreiben. Elektronisch versteht sich. Er tippt mit seinem riesigen Daumen umständlich Erinnerungswarnhinweise in sein Handy und wird mehrmals täglich an irgendwas erinnert. Dass er noch Getränke holen muss, dass er eine Kilometerabrechnung abgeben will und so ein Krams. Ich habe ihm angeboten, dass ich das auch übernehmen könnte. »Sag mir einfach, was du nicht vergessen willst, und ich sorge dafür«, habe ich ihm vorgeschlagen. »So penetrant will ich dann auch nicht erinnert werden. Außerdem kann ich Handy-Memos einfach wegklicken«, war seine leicht unhöfliche Antwort. Ich habe ihm dann heimlich auf seinem Handy eine Memo (mit stündlicher Wiederholung) geschrieben: »Memo schreiben nicht vergessen.« Selbstverständlich weiß ich auch, was ein »No-go« ist. Früher war das ein »Geht-gar-nicht«. Nicht verwechseln sollte man das »No-go« mit »Nigiri«. Das sind kleine japanische Schweinereien, die zurzeit auch ein »must« sind. Zu unseren neuen Vokabeln gehören natürlich auch Abkürzungen. Macht ja irgendwie Sinn. Unsere Zeit läuft ja auch irgendwie ab. Und so verabschiede ich mich in Mails neuerdings mit »CU«. Ich habe gehört, dass sei die Abkürzung für »See you«. Toll. Damit enden aber auch Mails an Leute, die ich seit Monaten eben nicht gesehen habe und in naher Zukunft auch nicht treffen werde. Ersetzt dieses »CU« das frühere »Ich ruf dich an«, was man dann auch nicht gemacht hat? Noch diffuser finde ich »fyi«. Das ist schon was für Fortgeschrittene und bedeutet »for your information«. Vor Lichtjahren sagte man einfach »Zur Kenntnisnahme« oder jovialer »Hier! Lies mal!!!!!«. Aber, ach. Die Zeit der zwanzig Ausrufe- oder Fragezeichen ist ja vorbei. Wir sind im Land der Smileys angekommen. Schon wieder. Das Original aus Urzeiten pappt noch immer auf unserer Schultasche, die mal Tonne hieß. Natürlich haben wir die noch. Die kann man bestimmt noch mal gebrauchen.

Gebrauchswert

Wenn ich mich mit einem Tier vergleichen müsste, sehe ich mich gerne als Raubkatze. Oder als schillernden Papagei. In Wirklichkeit aber bin ich wohl ein Hamster. Ich raffe alles an mich, was mir in die Finger kommt, und ich kralle mich daran fest. Wie kommen sonst ungefähr zehn Stoffbeutel in meinen Besitz? Gekauft habe ich noch nie einen. Ich bin dem Wahn verfallen, alles irgendwann mal gebrauchen zu können. In Filmdosen (ja, ich fotografier noch auf Film) kann man super Büroklammern sammeln. Oder auch kleine Ohrstecker. Leer gefutterte Eisdosen schmeiße ich natürlich auch nicht in den Müll. Die kann man klasse zum Einfrieren benutzen. In Schuhkartons verwahre ich Haarbänder, Haarreifen, Spangen und ähnliche Accessoires, die ich mit mittlerweile kurzen Haaren definitiv nicht mehr brauche. Ich freue mich über jedes noch so schwachsinnige Werbepräsent. Ein Armband mit dem Schick eines Einmachglasgummis? Her damit. CDs mit schlecht gecoverten Deutschrocksongs? Nehme ich. Vielleicht kann man die ja auf einer Party morgens um fünf, wenn alle jenseits der Drei-Promille-Grenze liegen, noch spielen. Tierisch gefreut habe ich mich über ein Schuhputzset. Falls ich wirklich irgendwann mal auf die Spießeridee des Jahres käme und meine Schuhe wienern und polieren wollte – ich wäre ausgerüstet. Ein kleines Paradies sind dementsprechend Hotelzimmer für mich. Was es da alles gibt. Winzige Nähsets. Steck ich ein. Ebenso die Duschhaube. Die lässt sich prima in der eigenen Küche als Salatabdeckhaube nutzen. Mit der Feile kann man nicht wirklich die Fingernägel in Form bringen (kann es sein, dass die Nägel im Laufe der Zeit dick werden, während man selber dünnfelliger wird?). Aber mit diesen hauchdünnen Feilen habe ich schon fiese Flecken aus meiner Wildlederjacke gerubbelt. Ich überlege gerade, wo die vielen Feilen eigentlich sind. Bin ich vielleicht gar kein Hamster, sondern ein Eichhörnchen? Die horten und verbuddeln doch immer wie verrückt und wissen hinterher nicht mehr, wo ihre Schätze sind. In welcher Gehirnzelle habe ich die Info wohl gelagert? Oder gibt es da keine freie Kapazität mehr?

Der Speicher ist voll

Es ist vielleicht zwei, drei Wochen her, da habe ich schlagartig begriffen: Meine Festplatte ist voll. Sabine, Martin, Kai und ich saßen abends zusammen, Carlos war nach zwei Tellern Breipapp ins Bett gefallen, und Martin und Kai diskutierten über Aktien, Fonds, Dividenden und Co. In dem Moment war mir klar: Das kriege ich nicht mehr in meinen Speicher. Mein Gehirn erinnerte mich an eine der Kassetten, die ich früher aufgenommen habe. Jede Woche habe ich vor dem Radio gesessen und auf Play und Aufnahme gedrückt, um die aktuellen Charts mitzuschneiden. Irgendwann – natürlich mitten im Lied – waren die neunzig Minuten Spielzeit voll. Manchmal habe ich dann einfach umgedreht und die Aufnahmen der letzten Woche wieder überspielt. Als Kai und Martin über Geldanlagen philosophierten, war mein geistiges Band zu Ende. Und seitdem habe ich den Eindruck: Immer wenn ich was Wissenswertes höre, lösche ich intern irgendwas anderes.

Dabei ist mein Speicher nicht so klein. Aber ich musste einfach schon so irrsinnig viel lernen. Ich weiß seit etlichen Jahren, dass man an der Tankstelle nicht den Sprit tanken darf, der am billigsten ist, sondern den, den das Auto braucht. Ich habe auf

Französisch die Vor- und Nachteile von Mülltrennung diskutieren müssen. Ich weiß, wo bei einer Forelle das Bäckchen ist, habe die Abseitsregelung verstanden und könnte sogar erklären, was man unter dem Goldenen Schnitt versteht. Jetzt ist es so weit: Jeder Speicherplatz ist belegt. Was bleibt mir anderes übrig, als auszumisten? Ich trenne mich also von errungenem Wissen, leider mache ich nur den Schnitt meist an der falschen Stelle. Will sagen: Ich zerreiße Informationen in der Mitte. Ich weiß genau, dass ich alle Quittungen für die Steuererklärung gesammelt habe. Ich weiß nur nicht mehr wo. Auch bin ich mir sicher, den Kaufbeleg für unseren Receiver (zwecks Reparatur gerade ganz wichtig) an einen sicheren Ort gelegt zu haben. Er fällt mir nur just nicht ein. Ich weiß auch genau, dass mir Kais Mutter gesagt hat, was sie sich sehnlichst zum Geburtstag wünscht. Die Info wurde nur aus Versehen schon wieder überschrieben. Wenn meine PC-Arbeitsplatte voll ist, zieht Kai einfach allen Kram auf DVDs, und ich kann wieder loslegen. Wieso gibt es noch keine USB-Sticks für Synapsen? Natürlich werde ich ganz wehmütig angesichts meines berstenden Schädelarbeitsspeichers. Was konnte ich mir früher alles merken! Die Lieblingsfarben und -essen meiner sechs besten Freundinnen, ihre Geburtstage und Telefonnummern natürlich auch. Ich wusste auf den Pfennig genau, wie viel Geld ich im Portemonnaie hatte, welche Fahrradmarke unser Zeitungsbote fuhr (den ich drei Wochen lang süß fand). Ich kannte die Lieblingsfußballclubs aller mir je nahegestandenen Jungs und alle Liedtexte von Phil Collins. Komisch »In the air tonight« kann ich heute noch, das habe ich wohl mit einem Überschreibschutz versehen. Was mich aber richtig ärgert: Kai weiß genau, dass er mich in meinem jetzigen Zustand jederzeit irritieren kann. Ein »Das habe ich dir doch gesagt« reicht, und ich grüble. Hatte er wirklich gesagt, dass er nächstes Wochenende zum Zelten fährt? Wusste ich wirklich jemals, dass wir heute Abend bei seiner langweiligen Arbeitskollegin eingeladen sind? Wenn Kai es allerdings zu sehr auf die Spitze treibt, schieße ich zurück und erinnere ihn daran, dass wir über kommenden Dezember noch reden müssen. Da steht Kais nächster Geburtstag an. Der Vierzigste!

Der 40. Geburtstag
eines Mannes

Ich denke noch nicht so oft an meinen nächsten Jahrzehntewechsel. Vielleicht bin ich besser im Verdrängen. Vielleicht denke ich, schlimmer als der Tag nach meinem dreißigsten Geburtstag kann es auch nicht werden. Immer öfter aber entdecke ich Kai mit diesem sinnierenden, starrenden Blick. Ich weiß dann: Er denkt an die böse Vier. Als er mal wieder mit diesem Gesichtsausdruck am Fenster stand und nur scheinbar in den Garten guckte, wusste ich: Er denkt an seine nächste Dekade. Ich habe mich leise neben ihn gestellt und ihn geweckt:

»Vergiss es.«

»Was denn?« Er hat sich bei der Frage noch nicht mal zu mir umgedreht.

»Du wirst in diesem Garten keinen Baum einbuddeln dürfen. Das erlaubt der Vermieter niemals.«

Er grinste halbherzig und tat mir fast ein bisschen leid.

Ich versuchte ihn zu trösten: »Vielleicht reicht ja auch ein Gummibaum. Den könnte ich mir im Wohnzimmer noch vorstellen.«

Er drehte sich zu mir um: »Dürfte ich den anpinkeln, wenn ich ihn eingepflanzt habe?« Ein bisschen Hoffnung keimte in seiner Stimme.

»Nur wenn du im Sitzen pinkelst.«

Er hat sich dagegen entschieden.

Von dem Hausbau und der Sohnerzeugung, die ja auch noch auf der To-do-Liste eines Mannes stehen sollen, reden wir erst gar nicht.

Manchmal macht mir Kai wirklich ein bisschen Angst. Bis dato agierte er nach dem Motto: »Ich will doch nur spielen.« Er hat gegessen, als sei er noch nicht ausgewachsen, getrunken, als hätte er eine Wette abgeschlossen, und ansonsten gelebt, als wüsste er noch nicht genau, was er mal werden will, wenn er groß ist. Jetzt wirkt er manchmal auf mich, als wolle er jeden Moment seinen Antrag auf Frühverrentung einreichen. Als müsse er seine müden Beine in der Sonne ausstrecken, damit das Wasser in den Knien verdunstet. Die Gästeliste für die Party des Jahrhunderts liest sich wie: »Ich grüße alle, die ich kenne oder mal gekannt habe.« Kai möchte zum Tag der Tage jeden einladen, mit dem er irgendwann im Leben mal einen zusammenhängenden Satz gewechselt hat. Wir sind just bei Gast Nummer hundertfünfzig angekommen. Mich ängstigt das nicht. Ich weiß genau, dass Kai kneifen wird. Ende Oktober wird er mir vorschlagen: »Lass uns über meinen Geburtstag abhauen. Wir fliegen einfach in den Süden. Nur du und ich.« Kai hasst es nämlich im Mittelpunkt einer Menschenansammlung von mehr als sieben Personen zu stehen. Außerdem könnten wir uns ein Fest mit einer Hundertschaft an Gästen gar nicht leisten. Und auch das bereitet Kai Kummer, hat er doch mal irgendwann gelesen, dass ein Mann mit vierzig unge-fähr seinen beruflichen Zenit erreicht haben sollte. Jetzt macht sich natürlich bei meinem Liebsten Angst breit. »Das ist jetzt der Gipfel?« Und so legt er nach seinem gemächlichen Neun-unddreißig-Jahre-Marathon nach dem Motto »Schlendern ist Luxus« einen beachtlichen Spurt hin. Er hat sich für mehrere Weiterbildungsseminare angemeldet und lernt ab und zu via Internet Wirtschaftsenglisch. Ich kenne meinen Text und lasse immer mal einen Satz fallen wie: »Was sind das wohl für arm-selige Typen, die sich nur über ihre Karriere definieren?« Doch Kai arbeitet nicht nur plötzlich an seiner vermeintlichen Karri-ere, sondern auch noch an seinem Körper. Ich habe ihn ent-deckt, wie er mit Wand- und Handspiegel hantierte, um sich einen Rundumblick auf seine Kopfbehaarung zu verschaffen.

»Willst du dir die kahle Stelle oben genauer angucken?«, habe ich ihn vorsichtig gefragt.

»Die was?« Seine Stimme klang brüchig hysterisch.

»War ein Scherz. Mach dir keine Sorgen. Es ist alles noch be-wachsen. Sieht halt nur ein bisschen meliert aus.«

»Meliert? Du meinst grau, oder? Sag, dass das nicht stimmt!«

»Aber das macht Männer doch interessant. Mach dir doch kei-ne Sorgen.«

»Ich will nicht interessant wirken. Ich will jung wirken.«

Da war es raus. Von wegen Schönheits- und Jugendwahn gibt es nur bei Frauen. Also habe ich ihn beruhigt. Auch, wenn es ein ganz kleines bisschen geschummelt war. Er wird es früh genug selber sehen. Was soll ich ihm vor dem vierzigsten Ge-burtstag damit die Laune verderben. Scheint schon so schlimm genug. Als wir vergangenes Wochenende bei bestem Wetter durch den Stadtwald streiften und auf der Suche nach einem Picknickplatz waren, habe ich ihn angeregt, dort einfach ein Babybäumchen einzugraben.

»Und wenn es groß genug ist, baust du ein Baumhaus rein. Dann kannst du da auch einen Haken hinter machen.«

»Da wäre aber noch was.« Seine Stimme klang lüstern.

»Lass mal, meine Eltern sind zurzeit kindisch genug.«

Zwischen den Jahren

Seitdem Sabine vollständig für den In- und Output eines kleinen Menschen zuständig ist, kocht sie. Ich weiß nicht, wie viele Kilos zermatschter Möhren und Pastinaken (von dem Gemüse habe ich mein Lebtag vorher nicht gehört) sie schon serviert hat, auf jeden Fall ist es seit einigen Wochen noch mehr. Sie kocht für ihre Mutter mit. Zumindest zermatscht sie das dann nicht. Sabines Mama ist eine super-süße kleine Frau. Sie liebt es, in ihrem winzigen Garten zu wühlen, und hat an sechs von sieben Tagen schmutzige Fingernägel. Extrem sympathisch. Doch so penibel sie mit ihren Blumen ist, so desinteressiert ist sie an und in der Küche. (Wieso habe ich nicht so eine Mutter???) Also sorgt Sabine auch immer öfter für den In- und Output bei ihrer Ma. Unzählige Tupperdosen sind da im Umlauf, werden befüllt, geleert, gespült, transportiert, befüllt. Und ich habe Sabine ihre Mutter schon fragen hören: »Warum hast du das nicht aufgegessen?« Das war doch eindeutig der falsche Text. Oder der richtige Text in falscher Richtung, oder? Fehlt nur noch, dass sie angefügt hätte: »Warum hast du nicht wenigstens das Fleisch aufgegessen?« (Obwohl der Satz nach Maul- und Klauenseuche und Schweinepest ja in »iss wenigstens das Gemüse auf« abgeändert wurde.) Noch extremer ist es bei Anja. Ihre Zwerge sind noch auf Rollen unterwegs. Im Kinderwagen, auf dem Dreirad und so. Ihre Mutter hat zu Weihnachten einen Rollator bekommen, so eine Art Lauflernhilfe für Oldies. Im Ernst: Anja ist die einzige Frau in ihrer Familie, die dauerhaft aufrecht gehen kann. Wir sind die Generation, die einstehen muss. Bei mir ist es ja nicht viel anders. Ist es nicht erst drei, vier Jahre her, dass ich auf die Spüle klettern musste, um an die Hängeschränke (und die Plätzchen) zu kommen. Jetzt bittet meine Mutter mich: »Frederieke, kannst du mir die große Schüssel aus dem Schrank oben holen?« Natürlich kann ich. Aber warum kann sie nicht mehr? Ist der Schrank höher gehängt worden? Hat bei meiner Mama schon das Altersschrumpfen eingesetzt? Oder will sie mir gar mitteilen: »Schau, für irgendwas bist auch du gut.«?

Ich habe den Eindruck, von allen Seiten wird auf uns geschaut. Für die Kids sind wir schon so alt, dass wir wohl wissen, wo es langgeht. Wir sind alt genug, um das Schlimmste abzuwenden. Für unsere Eltern sind wir noch so jung, dass wir doch mal eben den Rasen mähen, Getränke holen, das Wohnzimmer streichen und das Altglas wegbringen können. Ich höre mich selber noch: »Mama, schreibst du mir mal eben eine Entschuldigung für Sport morgen?«, »Mami, kannst du mich mal eben zum Handball fahren?«, »Mama, kann ich mal eben schon einen Taschengeldvorschuss kriegen?«, »Mama, kann ich mal eben dein Auto haben?«.

Und jetzt? Jetzt höre ich: »Fritzi, kannst du heute noch mal eben kommen? Ich wollte den Keller entrümpeln.« Oder: »Fritzi, kannst du mich mal eben in die Stadt fahren?« Der Mund richtig offen stand mir allerdings, als meine Mutter mich als Modeberaterin engagiert hat. Ich sollte sie beim Kauf eines neuen Kostüms unterstützen. Ich! Im Alter von vierzehn, fünfzehn musste ich ein paar Schritte hinter meiner Mutter durch die Stadt gehen, weil sie nicht mit selbstgebatikten Männeroberhemden in Verbindung gebracht werden wollte. Die Zeichen der Zeit stehen offensichtlich auf Ernst. Wir hängen absolut zwischen den Jahren. Aber wer sagt so was heutzutage überhaupt noch?

In den Ohren, aus dem Sinn

Zugegeben, an dem Bierstand auf dem Stadtfest war es verdammt zugig. Wir standen da quasi in einem Windkanal, und ich kam mir fast ein bisschen wie Marylin auf diesem Gitter vor, und doch hätte ich den Satz natürlich niemals sagen dürfen. Dieses: »Hier zieht's wie Hechtsuppe!«, machte mich schlagartig von einem zickigen Mädchen zu einer zickigen Frau. Zu einem Wesen, das bestimmt auch ein gehäkeltes Jäckchen über dem Blümchennachthemd anzieht. Diesen Satz sagt man nicht mehr. Der taucht wahrscheinlich schon in Büchern auf, die noch in Keilschrift geschrieben sind. Aber ich habe Kai ja auch schon angeherrscht, er solle beim Wischen des Wohnzimmers keine Seenplatten hinterlassen. »Der muss nebelfeucht gewischt werden«, waren genau meine Worte. Es gibt so viele Umschreibungen, die wir alle seit ewigen Zeiten kennen und von denen wir behauptet haben, die nie, niemals selber zu verwenden. Jetzt mäkele ich in unserem kleinen Ferienhäuschen rum, dass es aber verdammt fußkalt sei. Aber anderen geht es ja nicht besser. Anja stöhnt, ihre Kinder sähen aus wie »Butter, Milch und Spucke«. Gemeint ist damit, dass sie sehr blass seien. Meine Oma hat mir das auch immer nachgesagt, ehe sie esslöffelweise Lebertran in mich reingeschoben hat. Was ich bis heute übrigens nicht weiß: Heißt es »Buttermilch und Spucke« oder »Butter, Milch und Spucke«? Und was sollen Anjas Kinder eigentlich bei ihrem »Matratzenhorchdienst« hören? Das Pupsen der Milben oder was? Solche Ausdrücke sind einfach wie Falten in der Sprache. Diese Begriffe schleichen sich ein trotz aller Lifting-Versuche durch Anglizismen. Niemals hätten wir gedacht, dass wir Falten kriegen oder Dinge sagen wie: »Nimm besser einen Schirm mit, es sieht nach Regen aus.« Kai antwortet dann gerne: »Dann nehme ich besser auch noch eine Taschenlampe mit. Sieht aus, als würde es später dunkel.« Aber soll er ruhig spotten. Er sagt Dinge wie »Mein lieber Herr Gesangsverein« oder auch gerne »Mein lieber Scholli«. Da hört man doch, dass er mit Sendungen von Didi Hallervorden und Mike Krüger groß geworden ist. Bestimmt hat Kai damals einen sogenannten »Popo-Scheitel« getragen und Dinge wie »Oberaffentittengeil« gesagt. Und das zeigt ja wohl, wo wir stehen.

Ausblicke

Wenn ich genau wissen möchte, wie ich dorthin gekommen bin, wo ich gerade stehe, reicht ein Gang zum Bücherregal. Da stehen Rücken an Rücken erschreckend viele Fotoalben. Alles ist für die Nachwelt zwischen raschelndem Pergamentpapier festgehalten worden. Über mehrere Regalböden zieht sich meine ganz persönliche Bildergeschichte. Natürlich sind auch alle Jetzt-wird's-ernst-Situationen dabei. Der erste Schultag. (Dass meine Mutter mich in ein zu kurzes Rüschen-Kragen-Kleid gesteckt hat, habe ich ihr bis heute nicht verziehen.) Mein Abi. (Der schwarze Gürtel sieht eher aus wie ein Nierengurt.) Mein erstes Auto. (Dieses Brillengestell geht mittlerweile als Karnevalsartikel durch.) Freund No. eins bis sieben. (Ich war halt auf der Suche.) Mein erster Urlaub mit Kai. (Dass er diesen Bikini kommentarlos ertragen hat, spricht dafür, dass er entweder doch farbenblind ist oder sehr, sehr tolerant.) Sabines erste Dauerwelle. Ich dachte, schlimmer geht's nicht. Bis zu meiner ersten Heim-Dauerwelle. Es gibt zahlreiche Fotos, die ich für Vorher-nachher-Reportagen einsenden könnte (allesamt Bereich »Vorher«). Es gibt Bilder von mir, die einen glauben lassen, schon 1982 sei in Deutschland »Halloween« gefeiert worden.

Doch eigentlich war es bis jetzt doch immer noch mehr lustig als lächerlich. Und mal ehrlich: Die ganz erwachsenen Momente kommen ja alle noch. Vielleicht ist Kai irgendwann der Meinung, ich soll seinen Namen tragen (nicht seinen Vornamen!). Vielleicht werde ich irgendwann einen Kreditvertrag über eine sechsstellige Summe unterzeichnen und mich fortan als Hausbesitzerin titulieren. Oder ich erbe überraschend und trage plötzlich die Verantwortung für eine sechsstellige Summe und deren Verzinsung. Oder meine Firma ist der Meinung, dass alleine ich unsere neue Dependance in Dubai aufbauen (und leiten) könne. Oder Kai fängt an, Pfeife zu rauchen, und legt sich sonntags gerne mal nach dem Essen ein Stündchen aufs Sofa. DAS würde mir Angst machen. Aber bis jetzt ist ja noch immer alles gutgegangen. Soll der Ernst ruhig kommen. Er wird schon sehen, was der davon hat.